大人の鉄道趣味入門

人生の後半を楽しむための兵法書

池口英司
Ikeguchi Eiji

交通新聞社新書 130

はじめに

この本は、遠い昔に鉄道に慣れ親しみ、しかしその後に進学、就職、結婚などで鉄道の趣味から遠ざかり、〝シニア〟とも呼ばれるようになった今、改めて鉄道を趣味の対象としたいと考えている、元・鉄道少年、鉄道少女たちへの、鉄道趣味再開のための指南書として、執筆を開始した。

かく言う著者の私自身も還暦を越え、周りからは年齢を理由に、仕事の負担を減らしてもらえるような立場となってしまった。本人の意図としては、年齢が十進法の区切りを一つや二つ越えたところで、日常は何も変わることがないのだが、その一方で、もしやり残したことが見つかったならば、片を付けておきたいという気持ちに捉われるようになったことも、また事実である。

私たちの世代は忙しすぎた。幸か不幸か、私たちが社会の第一線にいる間、日本の社会は概ね好況にあり、その結果として、仕事は片付けても片付けても終わることがなく、人生には大切であるはずの趣味活動に、思うように没頭できないことが多かった。

しかし、そのような日々は遠くに去り、今のシニア層には、これまでよりも多くの時間が与えられるようになったようだ。

そこで、昔に果たすことができなかった趣味を再開し、ようやく自由に使えるようになった自分の時間を十分にエンジョイしよう。しかし、鉄道の世界や、旅行、写真、鉄道模型の世界は、しばらく忘れている間に、大きく様変わりしている。そこで、鉄道を巡る世界が今どうなっているのかを紹介し、旅行、写真などの鉄道を楽しむための趣味活動を再開する手助けをしようというのが、本書の趣旨である。

かつて、少しでも鉄道を趣味の対象とした人であれば、この世界がいかに広く、そして深いものであるかはご存じであると思う。そこで本書では、その代表的なものをジャンルごとに紹介し、その現状、昔との相違点、そして趣味を再開するための効率的な方法などを紹介することにした。

もちろん、あらゆるジャンルのことを一冊の書籍で網羅することはできないが、社会に出て以来、鉄道関連の書籍の編集や、記事の執筆、鉄道の現場の取材、あるいは鉄道模型の製作に携わってきた私自身の経験を活かして、現代における鉄道趣味の具体的な楽しみ方を紹介、提案してゆくことにする。

具体的には、私自身と同年代の年齢層、あるいは少し年長、少し年少の人を読者層の中核と捉え、昭和40年代から50年代にかけて鉄道趣味と出会い、今は持ち時間に余裕ができて、しかし、しばらくのご無沙汰なので、今の鉄道の世界がどのように変化しているのか把握しづらいと考えている人へのアドバイスを考えているが、もちろん、年齢などは関係ない。鉄道趣味をこれから始めてみたい、あるいは今続けている趣味をもっと深く楽しんでみたいという人であれば、本書から幾つかのヒントを掴んで頂けるのではないかと思う。

言うまでもなく、趣味の楽しみ方は人それぞれなのだから、本書の提案を踏まえ、読者自身の手で、「自分風」のスタイルに改めてもらえることができるのであれば、それは著者にとって望外の喜びである。

なお、本書では私と同世代、一般的には〝シニア〟と呼ばれる世代を、〝大人世代〟という言葉で総称した。「人生80年」と言われた時代はすでに遠い彼方に消え去り、今は「人生100年」の時代である。還暦を迎えたからといって、あるいは「知命の歳」を迎えたからといって、自分が年寄りになったと思っている人は、今はいないと信じている。アクティブに動けるのはこれから。ようやく大人の楽しみができる歳になったのである。この時間を無為に過ごす手はない。

さあ、それではまず一歩、鉄道の趣味の部屋に足を踏み入れてみよう。

大人の鉄道趣味入門――目次

第3章　大人の鉄道趣味入門

第4章　鉄道×○○　新しいコラボレーションを楽しむ・作る

第1章

もう一度、鉄道趣味の世界へ

思い出そう！　高度経済成長時代の鉄道趣味

今は〝シニア〟とも呼ばれるようになった、かつての鉄道少年、少女たちへ。今から40年、50年前の姿を思い出してみよう。

自宅の窓から、あるいは学校の行き帰りに通る踏切から、あるいはどこかの丘の上から眺めていた鉄道のことを思い出してみよう。

日本の鉄道は、今よりもずっと強く、輝いていたように見えた。

〝夢の超特急〟とも呼ばれた新幹線は、まだ東京と新大阪の間で開業したばかり。あるいは岡山への延伸工事が佳境に入ったか、開通したか、そんな時代。

全国を見渡しても特急の数は少なく、それは簡単には乗ることができない憧れの的だった。その代わりに、全国の鉄道には、色々な車両が走っていた。旅客列車と同じくらい数多く運転されていた貨物列車は、小型の黒い貨車を何両も繋げ、通りかかった貨物列車の貨車の数を数えてみると、それは50両以上になることもあった。地方に行けば、あるいは地方に住んでいれば、そこには蒸気機関車がいて、吐き出される煙には悩まされたものの、その姿は勇壮だった。小さな駅にも必ず駅員さんがいて、列車がやって来る合間には、お客さんと楽しそうに話をする駅員さんもいた。

私と同世代の人は、この写真に見覚えがあるはず。SLブームを象徴した伯備線のSL3重連だ。1971年。右上は、現地で撮影者に配られた記念のしおり。布原信号場の時刻表が記されている（しおりは筆者所蔵）。

だから……。

あの頃の鉄道は、とても素晴らしいものに映った。そして学校の同級生には、きっと鉄道好きの友人が、どのクラスにも一人はいて、鉄道のことや、鉄道で遊ぶ方法を教えてくれた。全国の鉄道には珍しい車両や、面白い場所がたくさんあることや、切符の買い方や、写真の撮り方、模型の作り方、あるいはテープレコーダーを使って列車の音を録音することや、記念切符を集める方法、書店に行けば専門の雑誌があること、時刻表を見るだけでも色々なことを知ることができることを教えてくれたものだ。

そこで始めた鉄道の趣味は、どんな趣味よりも楽しい、毎日夢中になれるものだった。

昭和40〜50年代、多くの鉄道ファンが沿線や駅に集まった。上は1971年の奥羽本線のSL、下は東京駅でのブルートレインで1978年。

お小遣いはあまりなかったけれど、何とか工夫して出かけた小さな鉄道旅行の思い出や、紙と木の棒で作った模型は、誰にも負けない自分だけの宝物となったのだ。

けれども今、大人になってあの頃を振り返ると、私たちができたのは鉄道という趣味のほんの一部でしかなかったことに気づく。でも仕方なかった。進学するためには勉強だってしなければならなかった人も多かっただろうし、人並みに恋愛もしただろうし、そんな、色々な出来事が次から次に起こり、鉄道から興味が離れてしまった人は多いことだろう。

つまり、あの頃の貴重な時間を費やした写真や切符のコレクション、模型作りも、結局は中途半端なもので終わってしまったのが実情ではなかったか。しかし、若き日々に接した鉄道の姿は、身体のどこかに成長の糧となって、今もすべての人に宿っているはずなのである。

「あの頃」に帰る〝日記の続き〟

それから時は流れて現代。日本の鉄道が魅力に溢れていた時代の若者は歳を取って、今は第二の人生の歩み方を模索する世代となった。この間、進学や就職、さらには結婚、仕事の成功や失敗など多くの体験を経て、今日まで生きることができた。有り難いことであ

1970年、大阪の千里丘陵で開催された「大阪万博」は、誰もが記憶に残っている出来事だろう。“大人世代”は、一度は行った思い出があるのではないだろうか。

る。辿った道はそれぞれだったろう。どの道も忙しく、そして厳しいものであったに違いない。その忙しさの代償として得た現在の境遇がどのようなものであるのか。幸福を感じている人もいるだろうし、あるいは物足りなさを感じている人もいるだろう。

ただ、間違いなく言えることは、誰もが一年に一つの齢を重ねたことである。人生の残り時間が、あとどれくらいのものなのかは誰にも分からないが、恐らくはきっと誰もが、自分の人生にまだやり残したことがあることを自覚しているのではないだろうか。

それであれば、今、その「やり残し」を片付けにいこう。もしかしたら、すべてのことを終わらせることはできないのかもしれないけれど、あの頃の夢、つまり、自分がまだ若く、やりたくてもできなかった夢を、果たしてみることにしよう。松尾芭蕉の病中吟は、「旅に病んで夢は枯野をかけ廻る」であった。この句には、終わり無き旅への羨望が込められている。あの時代にあれだけの旅をした芭蕉にしても、旅というものは、いくら回数を重ねてみたところで、興味の尽きることのない営みであったらしい。

そこで私は今、もう一度、〝大人世代〟の皆さんを鉄道趣味の世界へお連れしたい。

あれから長い時が流れ、鉄道の姿が大きく変わってしまったことを、私たちは知っている。蒸気機関車も、寝台列車も、国鉄も、周遊券も姿を消してしまった。けれども、今の鉄道の世界には、あの頃には無かった便利なツールがたくさん登場している。昔の特急で12時間かかった道のりを、今は新幹線が３時間で結ぶ。宿代わりになっていた夜行列車はほぼ全滅したが、特急の寝台料金と同等の価格で利用できるビジネスホテルがある。カレーライスとラーメンばかり食べていた駅前食堂の代わりに、深夜も開いているコンビニエンスストアがある。近年登場のそれらのツールは、どれもやや画一的な感があるのが残念だけれども、トイレや洗面所は明るくて清潔だ。食べ物は工夫次第で、バラエティ豊かにできる。その利便性の高さは、今は歳を取ったゆえの体力の低下を十分に補ってくれる。

全国を走っていた蒸気機関車は一度姿を消したが、今は各地に動態保存【26頁参照】の機関車が復活して、懐かしい汽笛を響かせている。どの列車も観光客のためのものではあるけれど、汽笛の音色は昔と何も変わらない。蒸気機関車の運転には高い技量が必要とされ、だから乗務員は誰もが真剣に仕事と向き合っている。それもまた、昔と変わらない。

私たちは今、そういった〝書きかけの日記〟を再開できる時間をようやく手に入れた。

さあ、〝あの頃〟に帰ろう。

鉄道も釣りも、同じ〝道〟である。

鉄道趣味の再開。あの〝日記〟の続きを、何から始めるか？　実は案外これが悩ましい問題となるかもしれない。現代の鉄道趣味は、それぞれの分野で実に多岐にわたって発展しているからだ。それぞれのジャンルの楽しみ方については本書の第3～4章で紹介するが、あまり難しく考えると、せっかくの意気込みが萎えてしまうかもしれない。〝やりたい〟と思うのと同じくらい〝面倒くさい〟と思いやすいのもまた、〝大人世代〟であるから……。

そこで、ここは一つ、なるべくシンプルに考えることにしよう。子供の頃もそうだった。

最初からあまりにも大きな模型を作ろうとすると、計画はとん挫する。雑誌に出てくる大人の作例は素晴らしいものではあったけれど、最初からそれをそのままコピーすることは、入門者には至難の業だったのだ。大人になった私たちは、昔の失敗の理由を知っている。

今回はその人生訓を活かして、同じ轍は踏まないこととする。まずは、昔、「一番やってみたかったこと」を始めてみることにしようか。蒸気機関車の写真を撮りに行くのでも良いし、欲しかった鉄道模型を買う、あるいは自分で作る、あるいはその模型を走らせるためのレイアウトを作るのでも良い。切符や駅弁の掛け紙のコレクションだって簡単だ。

ここで一つ忘れずにおきたいことは、現代は情報発信、情報交換のツールが、あの頃とは比べものにならないほど発達しているということだ。これだけは少しだけでも学び直しておいた方が良い。数あるツールを使いこなすことができれば、昔は一人きりでコツコツ進めた仕事を、今は仲間と情報共有しながら、あの頃とは桁違いの速度で、発展的に進めることができるからだ。

それでも迷う、やりたいことが見つからない、踏ん切りがつかないという人に私がお勧めしたいのが「鉄道に乗る」ことである（今日で言う〝乗り鉄〟）。やはりこれが基本、イロハのイだ。

1976年の通勤ラッシュ風景。乗ることすら大変だった通勤電車に乗っていると、すれ違う下り電車がうらやましく思えたものだった。新宿駅。

まず、どこに行くかについて、何も迷う必要はない。行きたかった所に、近い順番に行けば良いだけのことである。毎日、通勤の電車に乗るために混雑する朝のホームに立ち、反対方向に向かって発車する列車を眺め、仕事に行かずあの列車に乗ってみたいという衝動に駆られたことは無いだろうか。もし、そういう経験があるのなら、今日、明日にでもそれを実行してみよう。今だって朝の上りホームには、多くのビジネスマンが並んでいるはずだから、今度はそれを反対ホームから眺めるのである。仕事抜きで乗る朝の列車は爽快だ。これからどこに行くか？　それは列車の中で決めれば良い。あの頃の旅もそうだった。どこでも良いから行きたかったのだ。それであれば、家の近くでも良いから、これまでとは逆の方向に向かう列車に乗って、まだ一度も降りたことがなかった駅を訪ねてみよう。それだけでも立派な一つの旅となる。釣り師の格言には「鮒に始まり鮒に終わる」というものがある。この諺には〝基本〟〝原点〟という言葉にも通じる高貴な精神が隠れている。その精神に倣ってみよう。

列車に乗ったら、窓から外を眺め風景の変化を観察してみよう。街の風景はいつも変わり続けている。何かの発見があれば、今度はそこが新しい目的地となる。あるいは車内で読みかけの本を読んでも良い。読書を捗らせるのも旅に出ることの効用の一つである。評論家の川本三郎さんは、本を読むために地下鉄銀座線に乗ることもあるという。鉄道車両の移動する空間は、心を解放できる場なのだろう。

実は、鉄道に関する仕事に就いている「鉄道のプロ」にとっても、列車に乗ることは仕事の第一歩であり、仕事を進める上でのヒントに出会えるそうだ。鉄道のダイヤを作成する「スジ屋」は列車の設定に行き詰まるとオフィスを抜けだし、現地で行き交う列車を眺めるという。土木の技術者は、新規に建設した路線が完成した後、現地に出かけて列車に乗り、出来上がった橋梁やトンネルを観察する。もちろん、そこには何の異常も無く、列車は平穏に走っている。また、鉄道雑誌の編集者。特別な用事が無くても列車に乗る。そこで見たものが、次に出る本のネタになる。こうした鉄道との無言の対峙が、思考を啓発するのだろう。何しろ現代の鉄道は変化が速い。あっと言う間に自分の知識は過去のものとなる。「最新の情報は人の頭の中にしかない」と言ったのは評論家の立花隆さんだが、それと同じことは、鉄道の世界にも言えることなのだ。

「記録」が高める趣味スタイル

人が鉄道に乗る理由は様々で、何もかも忘れるため、というのも一つの理由にはなる。しかし、もとよりこれまで社会人として活躍してきた〝大人世代〟諸氏であれば、記録し、それを体系的に蓄積し、分析することの意義と面白さを十分に知っているはずだ。そこで、趣味を〝大人世代〟流に深める方法の一つして、「記録」を挙げたい。

と書くとなにやら難しく思えてしまうが、ここもやはりシンプルイズベストにしよう。例として私個人のことを引き合いに出させて頂くと、ブログやフェイスブック上で、『カレーのお遍路』と題するカレーライス食べ歩き紀行を始めたことがあった。カレーという料理にしても、世の中にはかなり熱心な研究のサイトがたくさんある。別にこれに対抗するつもりなど何もなく、ただ鉄道で行った旅先で食べたカレーの写真をスマートフォンで撮り、感想を添える。星印を幾つも並べる評価などもない。

ここで書いたのは、旅のひとときの簡単な記録にすぎない。でも、こうして全国のカレー行脚を1年半も続けていれば、結構それなりの情報が溜まり、世の中の立派な研究記録にも対抗できるような気がしてくる。北は遠軽から南は人吉まで（稚内での取材時に食べたカレーは写真を撮っていなかった）、全国のカレーの記録が貯まっていき、読み直した時はとても面白かったのだ。旅先では名産品には目もくれず、カレーを食べ続けたことには若干の疑念も生じないわけでは無かったが、思えば、最近流行のダムカードや発電所カードにしても、あるいはその昔の流行だった秘湯巡りにしても、ある種の酔狂さが伴っていることを当事者が自覚した時に、思いが加速するものである。自分自身を振り返ってみて、もう一度食べてみたいカレーのトップ3は、三陸海岸、長野、名古屋と簡単に挙げることができるから、やはりこれは単に味だけの問題ではなく、その場所、その街への思いが記録と重なり合っているということなのだろう。「人生に一

旅先で食べたカレーライスを写真に撮り、コメントを入力していっただけの私のブログ。地域性や店の個性などがあり、一つとして同じカレーライスが無いことを知った。それだけでも奥が深かった。

番大切なものは思い出だ」と作品の中で語ったのは小説家の星新一だが、この言葉を借りるならば、私の人生もカレーを通してそれなりに大切な思い出を残すことができたということになる。あまり〝甘い〟思い出では無いのだが……。

いささか話が脱線したけれども、要は記録を続けることが楽しいと思える自分なりのテーマを見つけられれば一番である。

私の友人にはボードゲーム好きが高じて日本の玩具を探る旅を始めた者がいるが、経験を重ね、記録を重ねていくうちに伝統的な玩具が発達したのは決まって城下町であることに気づき、ゲーム探しの旅が城下町巡りになったというから、これは立派な〝大人世代〟の趣味と言えよう。私も、いつかはカレーから何かを見つけたいと思っている。

繰り返すが、身構える必要はない。1年間だけでも記録の蓄積を作ってみるとよい。そこに何がしかの共通項が見つかるかもしれないという探求心は、〝大人世代〟であるがゆえの面白さだ。これらの機会とその出会いこそ、必ずや人生を豊かなものにしてくれるはずだ。

ちなみに、こうした〝豊かな大人世代〟を過ごした作家やアーティストはたくさんいる。例えば紀行作家の宮脇俊三。代表作である『時刻表2万キロ』の旅を終えたのは

１９７７（昭和52）年5月のことで51歳になる年のこと。これをきっかけに作家としての活動が始まるが、それは長年勤務した出版社を退職した後のことだ。作家の松本清張。『点と線』を発表したのが50歳。しかし、この時はほとんど話題になることはなく、翌年に単行本が出版された途端に一気に流行作家となった。以後の活動は、ここで改めて述べるまでも無いだろう。さらに写真家の前田真三。作家としての活動を開始したのは１９６７（昭和42）年で、氏が45歳になる年である。フリーカメラマンとしてはあまりにも遅い始まりだが、それ以降、車の後部に機材を積んで北海道などを無尽に回って撮影を行い、撮影済みのフィルムを東京の現像所に送る活動スタイルを続けた。何と自由な生き方だろう。

同様に、遅いスタートを切り、あるいはこれよりも遅く、人生の後半戦でもある60歳を過ぎてからの活動で名を馳せたアーティストや実業家など、皆さんも一人や二人、挙げることができるだろう。つまり、何かを始めるにあたっての資格は無い。ただ始めた者だけが、その道を歩くことができることを、人生の先輩たちが教えてくれている。

蒸気機関車　復活物語～大井川鐵道

１９７６（昭和51）年7月にC11形蒸気機関車を使って、金谷～千頭間での運転を開始した。鉄道車両を実際に使用している線路の上で動かしながら保存運転を続けることを〝動態保存〟と言うが、大井川鐵道はその先鞭となったのである。動態保存運転は、観光客を呼ぶことができるという魅力があるが、その一方で車両の検査、修繕、運転技術の継承などに大きな手間、コストがかかる。大井川鐵道での動態保存運転の開始は、名古屋鉄道から大井川鐵道に赴任した白井昭さんの尽力によるところが大きかったが、単にＳＬを動かせば収益が上がるというわけでは無く、「ＳＬ列車の乗客には、大井川鐵道の宿泊施設や売店を利用して頂き、非番の職員には営業面でのサポートまでを担当させるだけの企業努力をして、初めてＳＬ列車の運転が成立する」と白井さんは語る。単なる思いつきで成功するのがＳＬの運転ではなく、事業を進めてゆくための信念が必要であるというわけだ。

大井川鐵道ではＳＬ列車の始発駅が、設備の関係で金谷から、隣の新金谷に改められたが、ＳＬが牽引する「かわね路号」は通年で、つまり冬の間も運転され、多客期には、一日3往復が運転されるという盛況を見せている。２０１７（平成29）年の夏からは、同社が保有する4両のＳＬの中からC11形２２７号機をアニメ『きかんしゃトーマス』の主人公に仕立てての運転が開始され、これは圧倒的な人気を誇るイベントに成長した。「トーマス号」の運転に際しては、同社が保有していた旧型客車を、アニメに登場する客車と同じオレンジ色に塗色変更し、車内ではトーマスの声による案内放送や、記念写真の撮影などが行われ、他のSL列車とは違うサービスとして、これも好評を博している。

多客期一日3往復という運転体制は、他の動態保存の列車を凌ぐ輸送力を確保しているが、それでも好天の週末などには満員となることがあるので、事前に指定席の有無を確認しておきたい。仮に新金谷発の列車が満員であっても、千頭から新金谷に向かう復路では空席があることもあるので、下り列車には電車を利用し、上り列車でSL列車に乗るという方法もある。

1976年、大井川鐵道に蒸気機関車が復活運転した頃の様子。実際に動く蒸気機関車にカメラを向ける熱視線は、今も昔も変わらない。1977年4月。

大井川を渡る「トーマス号」。客車もアニメ仕様に塗装されているため、沿線で気軽に孫と一緒に撮影するにも、もってこいの被写体だ。2014年7月2日。

実物の機関車を人気アニメのキャラクターに仕立てた「トーマス号」。家族で楽しめるＳＬ列車に成長している。2018年6月９日。

第2章

20世紀から21世紀へ。鉄道はこう変わった

一番変わったのは、国鉄→ＪＲ

鉄道趣味を始めるにあたって、まずはあの頃の鉄道が今に至るまで、何が変わったのかを復習して、興味の出発点を決める手立てとしてみよう。

昭和40年代から現代へ、鉄道の世界でもっとも変わったものと言えば、それは国鉄、すなわち日本国有鉄道が消滅し、この受け皿としてＪＲが発足したことであろう。

１８７２（明治５）年10月14日（新暦換算）に新橋～横浜間の鉄道が開業してから１１５年。わが国の鉄道界を常にリードしてきたのは、紛れもなく国鉄であったが、全国に２万キロ以上の路線を有したこの組織は、昭和時代の末期から組織の疲弊が目立つようになってきていた。ストライキや遵法闘争（列車を止めることはしないが、列車を意図的に遅延させることで、ストと同様の効果を持つものとされた）などのニュースをご記憶の方もおられることだろう。

慢性的な赤字体質も問題視されていた。公共性の強い鉄道は、非採算と目される路線であっても運行を続けることで地域の経済を支えるという側面を有している。その一方で、代議士主導による新線の建設や進まぬ効率化などが重なった。国鉄からＪＲへの流れには、こうした〝負の背景〟もあった。

この行き詰まりを打破する政治的な決着が、国鉄の解体と民営会社の発足だった。１９８７（昭和62年）年４月１日に、国鉄は六つの旅客鉄道会社と一つの貨物鉄道などに分割されて生まれ変わった。ＪＲという民営会社となり、国鉄時代には考えられなかったような、サービスが採り入れられるようになった。列車の運転面では、個性的な車両が続々と登場し、列車の編成は短くても、頻繁な運転が行われるようになった。その昔の国鉄の列車と言えば、一列車あたりの編成は長くとも運転本数は少なく、古い車両の国鉄の列車がゆっくりと走る横を、私鉄の新しい電車が追い抜いてゆくというイメージがあったが、今日では、その図式は失われている。

国鉄が無くなりJRとなる。あの頃は本当にそんなことが起こるとは思えなかった。「さよなら国鉄 JRグループ誕生セレモニー」(汐留駅)。1987年3月31日。

新鋭の電車、気動車は俊足で、かつての特急列車にもひけを取らない。

新幹線が延伸されたことで、並行する在来線の特急は運転本数を減らしたが、特急、急行の待避がなくなったことから、普通列車でも相応の速度での運転が当たり前となっている。

そして、かつての若者御用達だった急行列車は、２０１６（平成28）年3月の「はまなす」の廃止をもって、ごく一部の臨時列車を除き、ＪＲの線路の上からすべて姿を消した。
鉄道を巡る状況、社会的な地位は、このように大きく変わった。

ＪＲになって変わったもの、生まれたもの

元々は国によって設けられた組織が、しかし巨大化したあまりに組織としての柔軟性を失い、変貌が求められたのは、この時代の社会的欲求でもあったのだろう。それまでの日本専売公社がＪＴに、電電公社がＮＴＴに姿を変えたのも、ＪＲ誕生と同じ時代のことであった。

皆さんは、この時代に何を感じていただろうか？　ニュースなどではＮＴＴ株の高騰などが伝えられていたが、それまでは謎に包まれていた感もあった巨大な組織が民営会社となり、国民に近づいてくれるような、そしてそれを契機として、日本全体が活力に満ちた社会へと変貌を遂げてゆくような、そんな希望、期待を抱いていたのではないだろうか？

同じ図式はＪＲについても当てはめることができた。国鉄最後の夜には各地でセレモニーが実施され、ＪＲ各社の新社長への親書を載せた「旅立ちＪＲ号」が、東京駅と上野駅から各地へ向けて発車した。その翌朝には、全列車に文字通り一夜のうちにＪＲマークが掲出されるというパフォーマンスも実施され、これは新しい民営会社の意気込みと受け取ることができた。新生・ＪＲは明るい光に満ちたスタートを切ったように感じられたはずである。

一夜にして国鉄からJRに変わったことは、衝撃だった。こうして車体にJRマークを貼る作業は、ニュースなどでも報じられて話題を呼んだ。JR四国高松運転所にて。1987年4月1日。

ＪＲ誕生直後こそ大きな変化はなかったが、この翌年になると新しい動きが顕著になった。ＪＲ各社にそれぞれの企業色が出始めたのである。そのはしりは、こぞって自社のフラッグシップ・トレイン、イメージリーダー・カーと位置づける新型車両を登場させたことであろう。ＪＲ北海道785系、ＪＲ東日本651系、ＪＲ東海キハ85系、ＪＲ西日本681系、ＪＲ四国2000系、ＪＲ九州783系などといった面々で、それまでの国鉄時代の規範に捉われない、自由な発想のもとに生まれた数々の新型車両は、鉄道の世界に新風を吹き込んだのだった。それでも、あの頃から鉄道への興味が続いた人であれば、

国鉄がJRとなって登場した新型車両の数々。これまでの車両より軽快かつ明るいイメージで、“変わった”と感じた人も多かったはずだ。

これらの車両の形式名に、まだ国鉄時代の法則が残っていることに気がつくだろう。ＪＲ四国の２０００系を除けば、それぞれの形式名は、国鉄時代の法則に則って命名されているのである。７８５系、７８３系が誕生する前には、国鉄に７８１系という特急電車があった。７８３系、７８５系は、これに続く車両として開発されたことが、３桁の数字に意味づけられていた。

　この法則は、今日では希薄になっている。ＪＲ東日本では自社の新型車両にはその頭に、例えばＥ３５１系という具合に「Ｅ」の一文字を追加するようになり、ＪＲ四国では国鉄時代の慣例にはまったく捉われず、２０００系、７０００系という具合に、まったく新しい形式名を採用している。

　車両の呼び名ばかりでなく、接客設備であるとか、旅客営業の制度についても、様々な所で、ＪＲ各社が独自のネーミングを用いるようになった。例えば今、ＪＲなどで使用できるＩＣカードの名称は、ＪＲ東日本では「Ｓｕｉｃａ（スイカ）」であるが、ＪＲ北海道のものは「Ｋｉｔａｃａ（キタカ）」であり、ＪＲ東海では「ＴＯＩＣＡ（トイカ）」、ＪＲ西日本では「ＩＣＯＣＡ（イコカ）」であり、ＪＲ九州では「ＳＵＧＯＣＡ（スゴカ）」である。これらのカードには、今日ではある程度の互換性が持たされている。

ＪＲ系以外でも、私鉄などがリードする形でシステムが構築された「ＰＡＳＭＯ（パスモ）」などのＩＣカードがあり、基本的な使用方法は変わらないものの、カードによっては利用可能な区間が異なるから、その点は注意しておこう。もっとも、規則は随時改善されてゆくものだから、ここに利用に際しての注意を細部まで書き連ねることは難しい。私自身の経験では、ある無人駅でまったく異なるカードを機械に入れてしまったために、隣の駅から係員が到着するまでカードが排出されず、しばらくの間その場での待機を余儀なくされたことがあったが、これは鉄道に限ったことではない範疇の話となる。

速くなった列車と無くなった列車

制度面、車両やシステムの、相次いだ名称の変更は、国鉄からＪＲへ生まれ変わったゆえの積極的な経営姿勢（その内容は多様であるが）の現れとも言えるだろう。それでは、鉄道趣味の観点から一番興味がある列車や、それらの運転形態はどのように変わったのだろうか？

昭和40年代と現代の鉄道の一番の違いは、速度に対する受け取り方だろう。１９６５（昭和40）年1月1日に運転されていた新幹線は、東海道新幹線東京～新大阪間のみであった。しかし今日においては、北海道の新函館北斗から、九州の鹿児島中央まで新幹線のネットワークが構築され、さらに札幌と、敦賀、長崎へ向けての新幹線建設工事も進められている。東海道新幹線は東京と新大阪の間を最短3時間10分で結んで人々を驚かせたが（ただし、開業からおよそ1年間は最短4時間だった。それでも人々の驚きに変わりはなかった）、現代の新幹線は東京から新函館北斗までを約4時間。東京から博多までを約5時間弱で結んでいる。その昔は、夜行列車と青函連絡船を乗り継いでやっと辿り着いた北海道を始め、東京や九州に4時間台で着くことができるのが現代の鉄道なのである。

運転系統も大きく改められた。有り体に言って、直通列車は大きく減り、代わって新幹線と特急を乗り継いでいくのが現代の日本の鉄道である。急行列車はＪＲ全社で運転されておらず、夜行列車にしても定期列車では東京〜高松・出雲市間運転の特急「サンライズ瀬戸」「サンライズ出雲」のみとなっている。

こうなると、皆さんはあの頃の鉄道旅が懐かしく思い起こされるのではないだろうか。夜行列車が運転されている路線であれば駅も終夜営業となっていたから、合法的とは言いづらかったものの、駅で夜明かしをすることも不可能ではなかった。青森や函館の連絡船待合室などには、いつも同好の士がいて心強いものであったが、小さな駅などでこの方法を実行すると、時には職務質問の対象となり、早朝に旅を始めるための積極的な方策が、フテ寝気分の夜となってしまうこともあった。さらにこれを一歩進めると、夜行列車の〝スイッチ〟という裏技に発展した。これは例えば下りの夜行列車に乗り、夜半前後にどこかの駅で下車して、やがてやって来る上りの夜行列車に乗車、めでたく出発点の駅で朝を迎えられるという方法である。これは均一周遊券のような〝乗り放題切符〟を利用していればまったく合法であるのだが、うっかり寝過ごすと旅の予定がまったく狂ってしまう。かく言う私も、奥羽本線の下り夜行列車に乗り、米沢から米坂線に乗り換えるつもりでいたのに、目が覚めたら赤湯の手前。やむを得ず赤湯で降りて長井線の初発を待ち、長井線

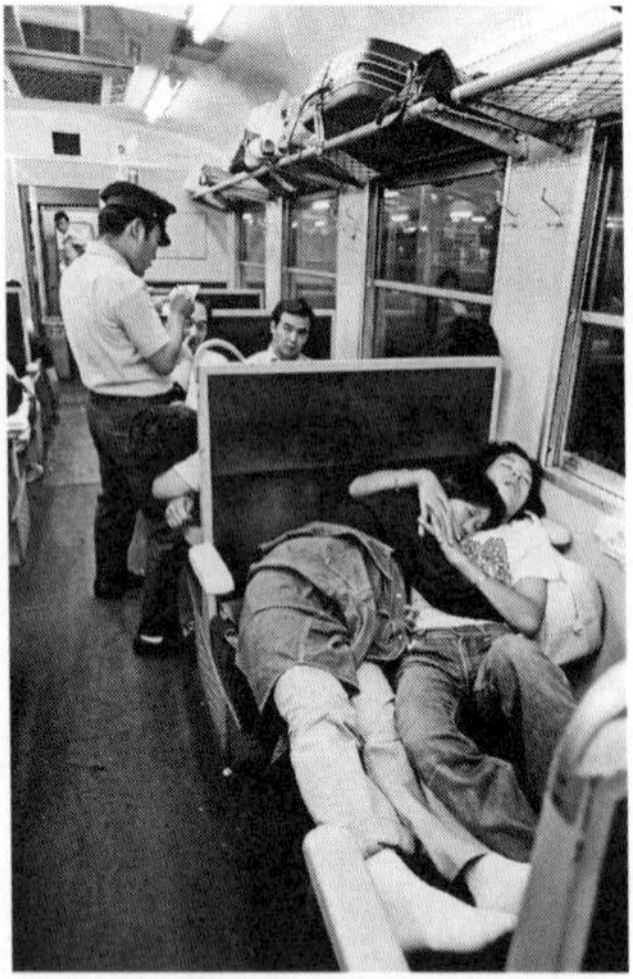

4人ボックスの硬い座席で一晩を過ごす旅も、あの頃は当たり前だった。眠い目をこすりながら朝を迎えた鉄道旅行の思い出は、誰もが持っていることだろう。345M（東京〜大垣間を運転していた夜行普通列車）車内にて。1975年9月5日。

で今泉まで行き、米坂線に乗り換えたということがあった。今は山形鉄道フラワー長井線となった長井線があって、それが今泉で米坂線と接続するという、ちょっと珍しい線形のおかげで助かったのだが、もう少し目が覚めるのが遅ければ、米坂線の旅の予定を、陸羽西線の旅か北上線の旅に変更していたかもしれない。これは〃スイッチ〃を狙った行程ではなかったが、恐らくは皆さんにもきっと似たような夜行列車絡みの寝過ごし体験があったのではないかと思う。今となってはこれもまた楽しい昔の思い出だ。そんな思い出があるからこそ、私たちは鉄道に親近感を抱き続けていられる……。

……いや、ここは昔を懐かしんでも始まらない。時代を作り続けてきた〃大人世代〃は、これも「時代の変化」と冷静に受け入れて、生まれ変わってしまおう。これができるのもまた、趣味の良いところだ。

均一周遊券はツアー切符に

昭和40年代、あるいは50年代に旅をした者にとって、夜行列車や急行列車と同様に鉄道旅行の必需品となっていたものに、国鉄の「均一周遊券」（１９７０〈昭和45年〉から「ワイド周遊券」）があった。これは北海道、九州、信州、関西など、特定の人気スポットに「自由周遊区域」を設け、この区域内であれば何度でも乗り降りが自由で、出発点からその区域までも、急行の自由席であれば追加料金無しで利用できた（のちには特急もこれに加えられた）から、「お金がないが、時間はある」若者にとって、宝物、オールマイティとも言える切符だった。だからこそ、夜行列車の存在が有り難かったのである。

しかし、この「均一周遊券」も今はなく、あの頃のような破天荒な旅をすることは難しくなった。そこで現代の鉄道旅行を格安に楽しむための有効ツールとして忘れないでおきたいのがツアー切符の存在だ。「ツアー」というと、なんだか小さな旗を持った添乗員さんの後をついて歩く旅

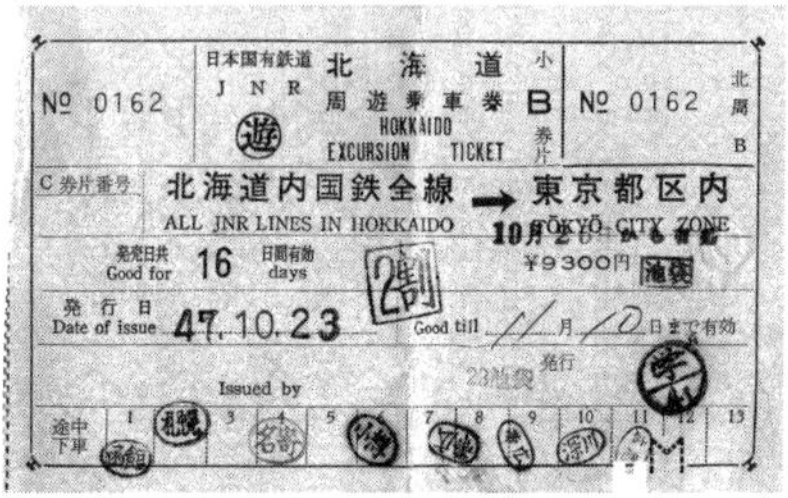

懐かしい均一周遊券（ワイド周遊券）。「学割」「2割」「途中下車印」など、当時の冬季休みを利用した北海道旅行を象徴する切符の“顔”。

を連想してしまうが、ここで紹介する「ツアー切符」とは、あらかじめ設定された目的地の中から、往復する列車や、宿泊する施設をユーザーがチョイスして行程を組む切符のことを指している。『のぞみ号で行く○○の旅』というような商品名で、駅に併設されたカウンターや、旅行会社で販売されているから、多くの人がその名前を見かけたことがあるに違いない。

この切符は、「均一周遊券」のような、気ままな行程を組むことはできず、途中下車をすれば前途は無効となり、早朝や夜に運転される列車が利用可能な便として指定されている(すなわち、ビジネス客の利用が多い便は避けられている)など、幾つもの制約があるのだが、何よりも魅力的なのは料金の割引率が大きいことで、正規の往復料金と同程度の値段で、旅先での宿泊までが含まれたオールインワンの切符を入手することができる。当然、出発前の予約が必須となるが、これも出発当日の午前中まで発券が可能な切符も用意されているなど、利用価値が高められている。もちろん、新幹線の利用が可能だから、使い勝手は良い。かつての均一周遊券のように、現地での自由周遊区間が設定されているわけではないが、その代わり、JRの利用に捉われることなく、現地のあらゆる交通機関が移動の選択肢になると考えることもできるだろう。切符の種類によっては、現地でのクーポンが付いているものもあるから、これはちょっとした旅には好都合だ。

同様の趣旨の切符は、航空機利用のものもあり（むしろツアー切符に先鞭をつけたのはこちらの方）、やはり格安の料金が設定されている。現地往復と宿泊がセットとなり、冬場でもスキー客の利用を当て込んだものが多数発売される。このような切符も高い割引率が設定されているので、利用価値は高い。もう均一周遊券は無いが、代わりにこういう切符を利用し、現地ではスキー場に行かず（もちろん、スキーを楽しんでも良い）、駅に出向いてそこから趣味活動を始めれば良いのである。そして決められた時間に空港に戻ろう。切符の〝盲点〟を衝いて、推理小説のような旅が楽しめれば愉快だ。

速くなった普通列車

「青春18きっぷ」**【186頁参照】**のおかげで、〝鈍行列車〟、すなわち普通列車の旅を楽しんだ経験をお持ちの方も多いだろう。この列車の事情も、国鉄時代とはずいぶん様変わりしている。

その最大のポイントは、やはり列車の速度が速くなったことである。国鉄時代の普通列車と言えば、長い距離をゆっくり時間をかけて走るというのが相場で、それは車両の性能

駅		平成30年（　）は土休日	列車	昭和55年10月	列車
上野	発	7:57(8:00)	快速ラビット	8:00	特急ひばり3号
宇都宮	着	9:27(9:29)		9:20	
	発	9:31	641M	9:22	
黒磯	着	10:21		9:57	
	発	10:26	4133D	9:57	
新白河	着	10:50		レ	
	発	10:53	2133M	レ	
郡山	着	11:32		10:39	
	発	11:39	1139M	10:41	
福島	着	12:27		11:15	
	発	12:40	快速仙台シティラビット5号	11:16	
仙台	着	13:55		12:15	

駅		平成30年（　）は土休日	列車	昭和43年9月	列車
東京	発	9:30(9:38)	1543E	9:30	急行第1なにわ
熱海	着	11:25(11:32)		11:04	
	発	11:38	435M	11:05	
静岡	着	12:51		12:09	
	発	13:04	783M	12:11	
浜松	着	14:15		13:15	
	発	14:20	953M	13:17	
豊橋	着	14:54			
	発	15:02	2535F 快速（土休日は大垣直通）	13:47	
大垣	着	16:32		15:21	
	発	16:37(16:34)		15:22	
米原	着	17:12(17:09)		15:53	
	発	17:17	3511M 新快速	15:54	
大阪	着	18:43(18:42)		17:26	

普通列車でも、昔の優等列車のような所要時間で到着できる。『ＪＲ時刻表』2018年10月号をもとに作成。

がそのまま反映されていたものであった。出力が大きくないディーゼル機関車や、蒸気機関車の牽く客車列車、あるいは加速性能の良くない気動車（ディーゼルカー）によって運転される列車に高速性能を求めることはどだい無理であったわけだが、現代のローカル線でも主役となりつつある軽量構造を採用した電車の速度は驚くほど速い。

私は以前に、横浜の自宅を早朝に出て、新宿から快速「フェアーウェイ」と、これに接続する列車を乗り継いで仙台まで旅をしたことがあったが、仙台には午後1時半に到着した。東北新幹線開業前に東北本線で運転されていた特急「ひばり」は、朝の7時前後に上野を発車した列車がお昼前に仙台に到着して

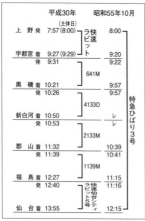

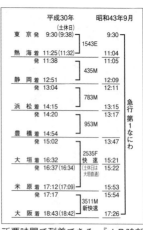

いたから、あれだけ全力疾走を続けていた485系特急利用の旅と、現代の普通列車を乗り継ぐ旅が、こと所要時間については90分程度の違いということになる。ずいぶんと不思議なことのようにも感じるが、これはやはり現代の電車の加速性能の良さによるものだろう。加えて現代の普通列車は、新幹線の開業によって、並行在来線であれば、あちこちの駅で特急や急行を待避する必要がなくなり、これも速達化に大きく寄与している。

このように、現代の普通列車は使い方次第では十分に速達化が可能となっている。ただし、優等列車が多く走る幹線はどこも特急列車の運転を最優先でダイヤが組まれているから、思わぬ駅で足止めを食らったり、並行在来線が第三セクター鉄道に転換されて、会社間の乗り継ぎに時間や別運賃を求められることもある。

ちなみに、忘れてならないのは列車のトイレの有無。昔と比べて普通列車にはトイレが備わっていない車両が増えており、うっかりすると苦行を強いら

快速列車でも、時としてかつての特急形の車両で運転されたので、乗り心地も格段に良くなった。今でも快速列車は車両、ダイヤともに進化している。写真は快速「フェアーウェイ」。2006年9月5日。

れることもないわけではない。長い時間、普通列車に乗り続ける必要がある時は、乗車の前に駅などで用は済ませておきたい。

食堂車、駅弁……。供食事情の違い

もう一つ、大きく変わったものに供食事情を挙げておきたい。特に食堂車だ。かつては長距離を走る特急、急行には不可欠の存在だった食堂車は、列車の高速化と反比例するかのようにその数を減らし、日中に走る列車からは2002(平成14)年11月の100系新幹線V編成「グランドひかり」の営業終了をもって、寝台列車からは2016(平成28)年3月の特急「カシオペア」の廃止をもって姿を消した。もちろん、将来にまた食堂車が復活する可能性はゼロではなく、現在はJRのローカル線や、地方私鉄を中心として、列車内で食事を楽しむことができる列車の運転が行われているが【130頁参照】、長距離を旅する列車内で空腹を覚え、必要に迫られて食堂車に向かうというような、昔ながらの使い方ができる食堂車は、今は姿を消している。

また、食堂車とともに、鉄道旅行でよく楽しんだ味の代表格となるものに駅弁がある。「峠の釜めし」「うなぎ弁当」「かしわめし」といった名前を聞いただけで、遠い昔の旅の

0系新幹線電車の食堂車。かつては多くの特急・急行列車に食堂車が連結されており、車内で嗅いだ“いい匂い”の思い出をお持ちの方も多いだろう。1974年11月。

始発駅や乗り換え駅などで多く見かけた駅弁の立ち売り風景。「べんと～」の呼び声が懐かしい。信越本線長岡駅。1974年9月18日。

楽しかった思い出、苦しかった思い出など、さまざまなものが去来する人も多いことだろう。駅の立ち食い蕎麦や、自宅から持参したおにぎりなどと比べれば、駅弁は少しばかり贅沢なものではあったけれど、確かに鉄道の旅に彩りを添える名脇役であった。駅弁の掛け紙は、お土産にさえなりそうなコレクションアイテムで、けれども長い旅の途上で、掛け紙にシワを増やすことなく自宅に持ち帰るのは至難の業でもあった【115頁参照】。

駅弁は、昔より多彩になって楽しみが増えたと言っていいだろう。もちろん、先に名を挙げたような定番の駅弁は、販売価格や品物によっては梱包のスタイルに多少の変化があったにしても健在だ。駅弁の世界も御多分に漏れず、再編成の波もあったようだが、〝老舗〟と呼ばれる駅弁屋さんは、どこも定番の商品の価値を認識し、その価値が失われることのないように努めている。時にはイベントとして駅ホームでの駅弁の立ち売りが再現されることもあり、鉄道旅行の楽しさを再認識できる行事として好評を得ている。このようなイベントが行われる時には、今は姿を消した駅弁が復刻されたり、掛け紙がクラシカルなスタイルに戻されたりすることもある。

そして、東京駅の「駅弁屋　祭」や新大阪駅の「駅弁　にぎわい」のように、全国の駅弁を一堂に集めて通年で販売する店も現れ、地方の駅弁をターミナル駅で買えるようになった。このことは、駅弁本来が備えている地域性、情緒が失われてしまうという〝両刃の剣〟のきらいはあるものの、流通が発達し、情報ネットワークが充実した時代に生きる人間が受けることのできるアドバンテージとも言えるだろう。

その一方で、地方の駅で販売が続けられているレアな駅弁の発掘も楽しい。岩手県久慈駅の駅弁「うに弁当」は、一日20個の限定販売で〝幻の駅弁〟とも呼ばれている。こういう駅弁をゲットできるかどうかは、情報収集力が勝負の分かれ目となる。

作家・池波正太郎のエッセイに「長野に旅した時には、必ず食べたい駅弁がある。それは横川のものだ。ただし、私が食べたいと思うのは、『峠の釜めし』ではなく、幕の内弁当のほうである」という一編があった。横川の幕の内弁当は、今は販売が中止されてしまったが、私自身も池波の一文に触発されて、上田への取材の折に、横川駅に寄り道をしたことがあった。池波推薦の一品は、確かに折の中の何もかもが美味しかったが、こんな駅弁との出会いは、鉄道旅行の醍醐味である。

もう一つ、駅の供食サービスとして忘れてならないものに、立ち食い蕎麦があるが、これは店の数を減らしているというのが現状だ。列車の速達化と、駅での接続時間の短縮化が進んだこと、そして駅の近隣にファストフード店、あるいはファミリーレストランがずらりと並び、かたやローカル線では駅の無人化が進むといった社会全般の傾向が、現在の状況を生み出している。昔と変わらない懐かしい立ち食い蕎麦店が残っているのは地方都市の駅ではなく、利用者数が減っていない東海道本線などの幹線の大きな駅というのが実情で、こうなると

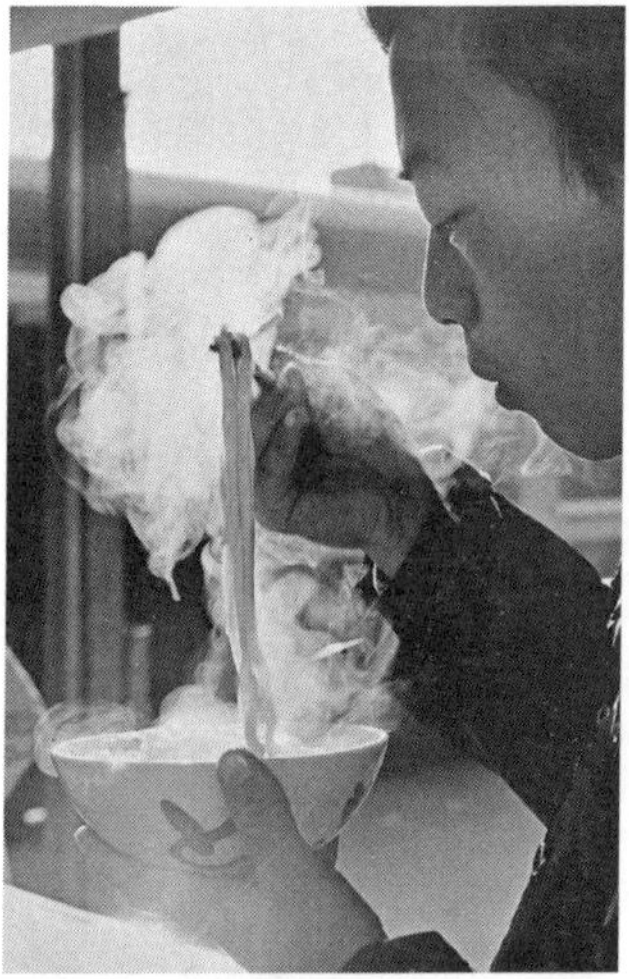
立ち食い蕎麦は、駅弁と比較して安い、早いという、当時の若者の旅の定番の食事。主要駅や機関車の付け替え駅のホームに多かった。1972年1月

旅情とは何かと考えさせられることになるのだが、それでも、風が吹き抜けるホームでの温かい一杯には、代え難い味があるのも確かだ。

退潮傾向が続く駅蕎麦の世界で、それでも生き残っている店では、駅弁と同じように、何らかの工夫がなされているものが多い。新メニューの考案、イス席の設置などが一例だが、私たちにとっては、失敗もまた良しと利用を続けることも発見につながる。直近の例では、東京急行の各駅でチェーン展開をする「しぶそば」が、蒲田店の50周年を記念する商品として、東急線のイメージキャラクターである「のるるん」の絵を描いたカマボコを開発し、「可愛い蕎麦」として話題となった。駅蕎麦の世界にも楽しい話題を見つけることができるのである。

減る紙媒体は、実は〝使える〟

「紙媒体」も大きく変わった、というより、大きく減った。言うまでもなく、ペーパーレス化の推進による媒体の変化である。今や列車の時刻調べは、スマートフォンを始めとする電子媒体の得意とするところとなっている。

しかし、多くのユーザーがすでに気がついているように、電子媒体には幾つかの弱点も備わっている。その一つが、閲覧機能が弱いこと。電子媒体の最大の強みは膨大な量の情報を瞬時に扱い、容易に共有や加工を行えることで、この特性を活かした検索機能の高さは、他の媒体の追従を許さない大きなアドバンテージとなっている。ところが端末が小型化されていることから、集められた情報を同時に提示して比較させることは苦手で、せっかくの検索機能が活かされないことも、しばしば起こっている。例えば時刻表検索であれば、最速の列車という〝タテ〟の検索ができたとしても、もしもその列車に乗れなくなった時に、次善策として乗車すべき列車は何なのか？　あるいは別の経路はどこなのか？というような〝ヨコ〟の検索にはとても弱い。この場合、大いに事前の知識と工夫が求められ、やっと検索できたとしても、実用性が低い情報となっていることがしばしばある。また、電子媒体はサービスの提供が終われば一瞬のうちに消滅するという性格を有している。サービス終了が予告されたとしても、すべての情報をプリントアウトして保存することは現実的ではないから、せっかくの情報が消えてしまうのを黙って見ているしかない。端末を変えた途端に、操作性が徹底的に劣化するというのも、よく耳にする話だ。

そこで〝大人世代〟は、あえて紙媒体による『時刻表』を見直してみたい。何よりタテヨコ自在に〝面〟としての情報を得られ、分析でき、半永久に保存でき、それらを比較できる利点は計り知れない。『時刻表』は大きくて厚いものほど情報が豊富ではあるが、携行の手間が増えることも事実だから、〝ポケット版〟と呼ばれる小型サイズのものに着目してみるのも一つの方法だろう。それであっても紙媒体の『時刻表』には、自分で検索して出したもの以外の情報がたっぷりと詰まっている。それらの情報に触れることも読書としての大きな楽しみであり、雑学を豊富に身につけることができる。

また『時刻表』以外でも、駅に置かれているパンフレット、ポスターにも無限の情報が含まれている。これらの印刷物は、その道のプロが精魂を込めて作ったものであることも忘れずにおこう。その精度は、昨今のインターネット記事の流行となっている「まとめ記事」よりも遥かに高いものだ。

もっとも、このようなことは〝大人世代〟という人生の達人にとっては、当然至極のことであるかもしれない。子供や孫たちに、学習時には電子辞書よりも紙の辞書を薦めた経験があるのではないだろうか。

変わらないのは〝出会い〟の素晴らしさ

こうした激変の鉄道界とともに生きてきた〝大人世代〟にとって、変わらないものが一つある。それは、鉄道で旅した時の様々な人、色々な物との出会いの素晴らしさだ。それは人間が根源的に備えている知識欲を満たすものでもある。豊富な知識は、それを備えた人間の人生そのものを豊かにする。美味しい食べ物との出会いもまた然り、自分で旅に出る限り、この旅先にある楽しさは、昔も今も、そしてこれからも変わらないと思う。

現代は情報の飽食の時代でもある。インターネットを始めとする数々の媒体は、極めて短いタイムラグで、私たちに最新の情報をもたらす。速度だけでなく、備えられた量も圧倒的だ。情報の洪水の中で賢く生きるには、いかにしてこれを上手く遮断するかが問われるという本末転倒とも言える状況が、笑い話ではなく実際に起こっているのが現代である。

けれども、もっとも本質的な部分において、一人の人間と情報との関係は、昔も今も何も変わってはいないと思う。自分自身が外に出て人や風景と出会い、そこから何かを学ぶ。それが生きてゆく上で一番の糧であることも。

インターネット、あるいは雑誌などの媒体の情報は無限ではない。それらの加工された情報を受け取ってみたところで、それは画一化された、〃他人と同じもの〃でしかない。このことを忘れずにおく。それだけでも、もう一度趣味として鉄道と親しむことの意義が、さらに明確なものになるはずだ。

本格的な復活蒸機～ＳＬ「やまぐち」号

1979（昭和54）年8月、山口線を走るＳＬ「やまぐち」号が登場した。国鉄が動態保存を行う路線には、幾つかの候補があったと言うが、その中から山口線がピックアップされ、使用される機関車にはＣ57形の1号機がチョイスされた。沿線に起伏のある山口線では、本来は急行旅客用として設計されたＣ57形の運用は難しいとも目されたが、国鉄の乗務員は、これをやってのけた。Ｃ57形は注目の的となった。

SL「やまぐち」号全景。旧型客車のデザインで構成された編成は、統一感もあってカメラを向けたくなる。2017年9月18日。

最後尾は、展望車仕様。かつての東海道本線の特急列車のようだ。2017年9月18日。

この機関車には、「貴婦人」という愛称がつけられている。やや細身のボイラーを持ち、直径の大きな動輪を備えるプロポーションからその愛称が生まれたのだが、より子細に検討するのなら、Ｃ57形の先輩格にあたるＣ55形の方が、より「貴婦人」

にふさわしいプロポーションを備えているようにも見受けられる。それでも、何かがヒットする時には、このような言葉の一人歩きも、また必要なのだろう。

ちなみに、専用客車が2017（平成29）年秋にリニューアルされている。この新型客車は、外観はチョコレート色に塗られたクラシカルなデザインをしており、内装も、昔ながらのスタイルが再現されている。一方、各席にコンセントが設置され、グリーン車も連結。さらに編成中の3号車は、車内にSL運転シミュレータなどが設置されるなど、現代の観光列車のニーズが的確に汲み取られており、SL列車への乗車をさらに楽しいものに仕立てている。この客車は1編成のみが製作され、鉄道友の会がその年の最高優秀車両に贈る「ブルーリボン賞」を受賞した。

さらにSL「やまぐち」号が停車する各駅では、駅名標を昔風のものに改めるなど、SL列車を楽しいものにするための工夫がなされている。途中、仁保駅や、地福駅では他の駅よりも少し長めの停車時間が設定されているのも楽しい。特に駅に観光客向けの設備があるわけではないのに、昔の鉄道の旅は所々の駅で長い停車時間を過ごしながら続けた時代を思い出す。

こうした旅を楽しいものにするための演出は、思いついたものを単発的に仕掛けるだけでは駄目で、様々な趣向を凝らし、長く続けなければならないものである。SL「やまぐち」号と山口線はそれができたからこそ、運転開始から40年を経た今も、人気が衰えることがないのだろう。

客車内も昔らしく、木張りやダブルルーフ。懐かしさがこみ上げるほど、よく再現されている。

途中、徳佐駅で撮影タイムがある。山口線は鉄道の構造物も蒸気機関車時代から大きく変わっていないため、往年の光景が広がる。2017年9月18日。

第3章

大人の鉄道趣味入門

前章では、今日の鉄道がどう変わったかを述べた。本章では、そのような時代の鉄道の楽しみ方について、それぞれのジャンルごとに、変化に合わせたノウハウを紹介してゆこう。

鉄道を撮る　～写真～

カメラを知ろう①　進歩の中心にあるミラーレスカメラ

〝大人世代〟が姿を消しつつある蒸気機関車や、ブルートレインなどを追って鉄道写真を撮り始めた頃、その道具は言うまでもなくフィルムを入れて使うカメラだった。写真は様々な情報を一瞬のうちに記録する魅力的なツールで、その頃の雑誌（鉄道のものに限らない）には、毎月のようにカメラの新製品の広告が出ていた。カメラはどれも魅力的で、それさえ手に入れることができれば素晴らしい写真が撮れるのは間違いなかったが、かなり高価で、簡単には手が出ないことも事実だった。まず私たちが悩まなければならない問題は、フィルム代をいかにして捻出するか、だったから、高級一眼レフカメラは、雲の上の存在だったのである。

そのような写真の世界も、現在は大きく様変わりしている。キヤノン、ニコンなどの大手メーカーはもちろん、自社のフラッグシップ機を、簡単には入手できないような高い価格をつけて生産し続けている。しかし現代のカメラが私たちにとって有り難いのは、それと同等とはいかないまでも、あまり性能が劣ることのない機種を、比較的安い価格で入手できるということである。これはカメラのデジタル化の効用が大きい。

現代、そして将来の写真の世界が、デジタルカメラを中心にして動き続けるであろうことは、異論を挟む余地がない。写真の記録媒体が、フィルムから電子媒体に移行することは、少なくとも40年前から予見されていたことで、それは石油資源以上に深刻な、〝銀資源〟の枯渇対策としての移行であった。デジタルカメラが市場に出始めた時、「動く物は撮れない」「表現力に限界があり、芸術性を重んじる作品であればフィルムを使用するべきだ」という意見は、確かにその時点では正しかったものの、デジタルカメラの急速な進歩によって、もはやすっかり過去のものとなっている。

それでは、これからデジタルカメラを用いての撮影を始めるにあたって、どのようなカメラを選ぶべきなのか？

一番手っ取り早いのは、スマートフォンによる撮影である。登場時から絶え間なく進歩を続けたスマートフォンは、今日では印刷に使用できるクオリティの写真を撮影することが可能になっている。いわゆるSNSとの親和性にも長け、撮影した写真をすぐその場でネット上にアップロードすることができ、誰でも簡単に、気軽に使えることが大きな魅力となっている。

さらにその対極にある、いわゆるハイエンド機としてのデジタル一眼レフに代わって主流となってゆくことが予想されるのが、いわゆるミラーレスカメラだ。レンズを通して入ってきた光をファインダーに導くために設置された反射ミラーを省略するミラーレスカメラは、ボディの小型化、軽量化を実現するのに好都合。これがシステム全体をも小型、軽量化し、カメラ携行の負担を減らすものとして注目されている。メーカー側にとっても、システム全般やセンサーサイズの小型化は、画質向上などに多くのメリットがあるとされる。黎明期のミラーレスカメラはまだメーカーが試行錯誤の段階にあったことから、プロユースに耐えられる拡張性には欠けるものとなっていたが、時代が２０１０年代後半に入ると大手メーカーが相次いで拡張

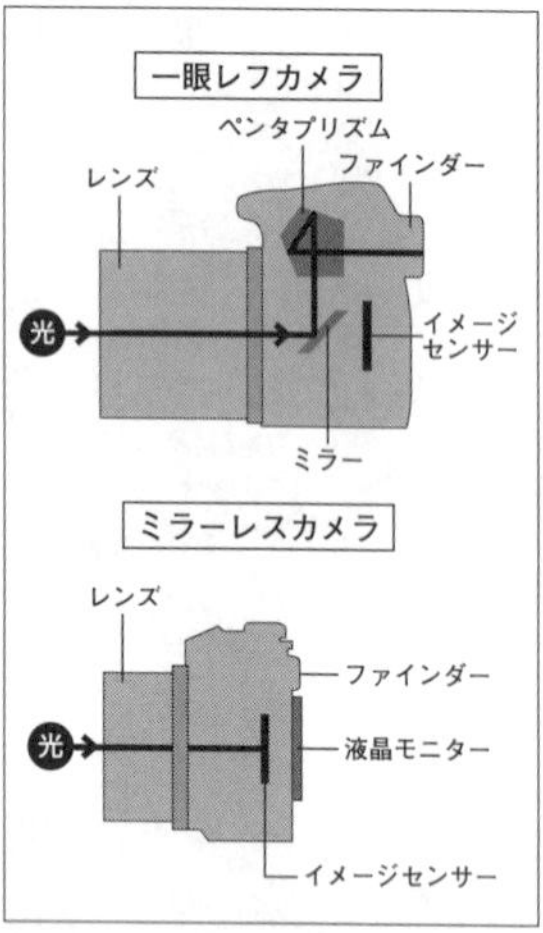

ミラーレス機と一眼レフ機の構造的な違い。ミラーレス機は文字通り、鏡が無いため軽量で持ち運びしやすい反面、バッテリーの充電に気を使う必要がある。

性、信頼性を備えたミラーレスカメラをリリース。こうして、ミラーレスカメラが一眼レフに代わる時代が訪れたのである。

カメラはあくまでも個人が使用する道具であり、使い勝手をどう感じるかは千差万別なのだから、ここで簡単にどの機種をお勧めするという言葉を発するのは慎むべきなのだろうが、これから「長い使用に耐えられる高級機」を必要と考えるユーザーには、まず、これらのミラーレスカメラを比較、検討することから始めるのがいいだろう。

カメラを知ろう②　インターネットとの親和性に秀でたコンパクトカメラ

その一方で、使用の目的をさらに細分化して、カメラごとの個性をより明確にしているものに、コンパクトデジタルカメラがある。スマートフォンに付属されているカメラの機能の進歩によって、存在価値が失われた感のあるコンパクト機だが、しかし、これらの機種が市場から消えることはなく、機種ごとに撮影の目的を細分化することによって個性を明確化し、その魅力がさらにアップしているというのが現状だ。有り体に言って、「ちょっと触ってみたくなる、欲しくなる」機種が毎月のように登場しているのが、このジャンルなのである。

昔の機材から大きく変わったのが、インターネットとの親和性の強化だろう。撮った写真を、その場から難しい操作なしにＳＮＳなどのインターネット上にアップできる、ということをセールスポイントに掲げている新製品は多い。

さらには「自分撮りを簡単に」「ダイビングに使える」「トイカメラのテイストを味わえる」といった趣向が続々と登場し、ＩＳＯ感度も高いものが備わっているから、三脚の携行も不要。重い機材を携えて、長い道のりを歩いた昔の撮影行のイメージも、今や完全に過去のものとなった。

もう一つ特筆しなければならないことは、メーカーがハイエンド機用として開発した技術が、「年代落ち」の形でコンパクトカメラの普及機にフィードバックされているということだ。すなわち、昔の最高級機よりも美しい写真を撮ることができるのが、最新の普及機ということである。〝新しいもの勝ち〟というデジタルの世界の大原則は、カメラの世界でも生きているということだろう。

そのような機能充実の時代において、ことコンパクトカメラ選びで案外大切なのがデザイン。気に入ったデザインであれば、何度使っても飽きないのが道具であるが、ことにコンパクトカメラでは、ボディに、かつては考えられなかったようなビビッドな色を使っている機種もあり、それが気に入ったのであれば、購入を迷う必要はない。

カメラ選びということで一つ、私自身にとっても忘れられない思い出がある。初めて「少しは使えるかな」と思えたデジタルカメラを入手した時、これからどのカメラがいちばん重要になるのか、35ミリフィルムカメラと、ブローニー判フィルムカメラ、そしてデジタルカメラの３台で撮り比べをしたことがあった。被写体は、旧大社駅の駅舎。島根県にある国の重要文化財である。三脚を固定し、同じアングルで３台のカメラで同じカットを撮影した。そうしていると、時間はまたたく間に過ぎてゆく。本数の少ない列車に乗るために、急ぎ機材を撤収し、一畑電車の駅までを走った思い出は、今、思い返しても何だか息苦しくなる。

大切なのは、どの機種を使うかではなく、時間なのだった。これが解答では身も蓋もないが、まず大切なのは撮影に出かけることであり、どの機種を選ぶべきかは最終的な条件ではなかった。今、振り返るならば、私は35ミリフィルムカメラで１枚でも多くのカットを撮影するべきであった。幸いなことに大社駅の姿が変わることはなく、再度の撮影に出かける機会を得ることができて事なきを得たのだが、結局のところは、どのようなカメラでも構わないのである（もちろん高価なカメラにはそれだけの機能が備わっているが、どのカメラを購入するかは、個人のライフスタイルと照らし合わせて決めればいいだけのことだ)。どのカメラにも長所があって、短所がある。人と同じである。自分と合う所と楽しく付き合えばいい。

デジタルカメラでの撮影法、表現法とは?

デジタルカメラは急速な進歩を遂げている。もちろん、この潮流はこれからも続くことだろう。それでは、フィルムカメラ時代にはなかった撮影法、表現法には、どのようなものがあるのだろうか。ここでは被写体を鉄道に絞って、話を進めてゆくことにしよう。

デジタルカメラで撮った写真は、基本的にはパソコンに取り込んで利用するわけだが、この段階で、画像を加工することが容易に行える。これは〝レタッチ〟と呼ばれる作業で、デジタル写真には不可欠の行程となっている。

画像の色調や明度を変えることは「フォトショップ」などのレタッチソフトを使って簡単に行うことができ、複数の画像の合成もできる。それでは、どこまでのレタッチであればオリジナルの画像の意味するところが失われず、反対にどのようなレタッチが、いわゆる「合成写真」のような、作り物となってしまうのか?

ただ今レタッチ作業中。慣れると意外とスムーズにできる。

実は、この問題は写真界にとっても、大きな懸案、課題となっている。ある写真の団体では、主催するコンテストの応募作品にはレタッチソフト使用の範囲を確認し、選考の参考としている。また、あるカメラ専門誌では、自社のコンテストに際して、あらゆるレタッチソフトの使用をフリーとした。かつては、カメラ本体で可能な補正のみを認め、ＰＣなどの機器でのレタッチは認めないという方針を掲げたメディアもあったが、これも機材の発達によって意味が失われている。フィルムによるモノクロ写真が隆盛だった時代には、「覆い焼き」「焼き込み」といったプリント作業におけるテクニックは芸術表現には不可欠と考えられていたし、デジタルカメラの黎明期には、撮影されたRAWデータのレタッチを前提とし、同時に得られるJPEGデータはレタッチ作業の参考にするための素材と考えられていたから、レタッチ作業を全否定することはできない。結局のところは、レタッチはオールフリーと考えるのが一つの帰結点かもしれず、やはりその考え方には無理があると、新しい基準が生まれるのかもしれない。これから撮影を楽しもうという〝大人世代〟も、今後の動向には注目しておこう。

続いて、ISO感度の進化について。

鉄道写真の世界では、高いISO感度での撮影が可能になったことの価値が高くなっている。フィルム時代はモノクロでさえISO400での撮影が一つのリミットと捉えられていたが、現代のデジタルカメラではISO51200、あるいはそれ以上の高感度での撮影が可能だ。一般的には、高感度での撮影はノイズの増加などの画質の低下を招くが、一定のクオリティを有したカメラであれば、ISO5000での撮影でも印刷に耐えられるほどの写真を撮ることができる。さらに、現代のカメラでは手ブレ補正機能の搭載が標準となった感があり、昔は熟達者のみが可能だった2分の1秒程度での手持ち撮影を、誰もができるようになっている。仮に「シャッタースピード5段分相当の手ブレ補正機構を搭載」と謳われたカメラであれば、シャッタースピード４分の１秒で撮影された写真が、１２５分の１秒で撮影されたのと同程度の手ブレしか発生させないということになる。

この機能のおかげで、現代の鉄道写真は高速シャッターを使用しての撮影と三脚を使用しないでの撮影を簡単に行うことができる。それでも光量が不足するような条件で撮影する場合、当初から露出アンダーを承知の上で撮影を行い、レタッチでこれを補正する方法もありはする（ただしレタッチソフトが万能ではないことは、あらかじめ理解しておかなければならない）。これも要は、道具を使いなれて、ＴＰＯを体得すべしということになる。

いきなり話が難しくなってしまったが、現代のデジタルカメラには、こうしたフィルム時代のカメラには無かった、様々なアドバンテージが備わっている。

撮影地と三脚

さて、機材はこのように進歩したけれど、鉄道を撮る場所の環境は、どのように変わっているのだろうか？

実は撮影地の大原則は、昔と変わらない。

「走行写真」を撮影するのであれば、まず現場に出向く。いわゆる「名撮影地」には、多くのファンが集まっていることもあるから、蒸気機関車が牽く列車などの撮影では早めに現地に到着するようにしよう。撮影の場所取りは先着順というのが大原則だが、ファン同士適宜融通し合うこと。私有地や鉄道用地内には立ち入らないことは当然で、この規制については昔よりも遥かに厳しいものとなっている。立ち入り禁止区域にファンが立ち入ることに対し鉄道会社側が注意を呼び掛けているのが現状で、この悪しき傾向は残念ながら無くなっていない。撮影地で不愉快な思いをするのでは、何のために撮影に出かけるのか分からない。

私自身の方策としては、多くの人出が予想される日には、最初から撮影に出かけることはせず、別の方法で鉄道を楽しむようにしている。それでも日程の折り合いがつかないということであれば、人が集まる場所での撮影は避け、それがかなわない場合でも、現地で50メートルだけでも人の列から離れてみるという方法もある。誰もが撮る写真を撮ってみたいという気持ちは自然なものだが、「人と同じ写真を撮ってもつまらない」と考えるのも大人のやり方だと考えよう。少しの工夫で、人の波から逃れられるものだ。

鉄道写真の世界では、三脚に対する考え方も変わりつつある。高いＩＳＯ感度での撮影が可能になったのだから、三脚が不要になったと考えるのは当然で、鉄道に限らず、例えばお祭りの撮影などで多くのカメラマンが集まる場所での三脚の使用は控えるべきだという考え方が現在の趨勢である。もちろん、昔ながらのフィルムカメラを使って撮影する時は三脚があると重宝する。「走行写真」の撮影では２５０分の１秒～５００分の１秒程度のシャッタースピードでの撮影が一つの基準となるが、手持ちの撮影では２５０分の１秒の撮影であっても、実は手ブレが生じていることは忘れないでおきたい。要はそれが見えないだけのことである。例えば望遠レンズを使用して撮影し、それをＡ４、あるいは六つ切り程度の大きさにプリントすると、手ブレが見えてくることがある。プリントした写真が、何となく「もわっと」見えるのは、「レンズの味」ではなく、手ブレが生じていることによるものであることがほとんどだ。そういう現状からすれば、どのような撮影であれ、三脚の使用にはきちんとした意味があるわけだが、通であることを誇示したいがためだけであれば、不要な三脚の使用は控えよう。三脚を使用しているがために、数メートルのポジションの移動が億劫になることもあり、それが作品の質を落

三脚を使用しない撮影スタイルが主流。子供や孫など、家族で一緒に撮影できる良さもある。

とすことにもなりかねない。

鉄道を撮る　～動画～
デジタル一眼レフでも十分な対応が可能

撮影と言えば、もう一つ、動画の撮影についても触れておきたい。その昔、つまり今は〝大人世代〟になった私たちが若かった頃（今でも十分に若いけれど）には、動画、すなわちムービーの撮影は、限られた人しか楽しむことができない趣味だった。16ミリフィルムを使用するカメラは高価で、ランニングコストも高く、撮影に際しても頑丈な、したがって重量もある専用三脚とともに携行するのは、大きな苦労が伴った。フィルムについても誰もが潤沢に用意できるわけではない。ムービーの撮影には、大変な労力、予算が必要とされたのである。

けれども今日の状況は、あの頃とは大きく変わった。本来はスチール用として開発されたカメラにも動画撮影機能が付き、そしてご存じのようにスマートフォンでも動画の撮影が可能になっているのが今日の状況である。カメラ本体も小さく、軽くなった。これは写真のデジタル化がもたらした恩恵と言えるだろう。

それでは、これから鉄道の動画撮影を楽しみたいと考えている人は、どのように機材を揃えていったらいいのだろうか？　あるいは動画独自の撮影テクニックを学んでゆくには、どうしたらいいのだろうか？

これは、スチール用デジタルカメラに付属されている動画撮影機能でかなりの部分をフォローすることができる。大きなビデオカメラはスチール派にとっては憧れでもあるのだが、これからビデオ撮影を始めるからといって、慌てて専用機を購入する必要はない。

画質だけを比較するのであれば、デジタルカメラとビデオカメラではデジタルカメラの方が圧倒的に優れている。センサーの画素数を比較して頂ければ、それはすぐに理解できるだろう。鉄道写真の撮影では、カメラを固定して撮影することが多いはずだ。それであれば、画質に秀でたスチールカメラの使用が有利で、近年登場のカメラには４Ｋ動画、あるいは８Ｋ動画を撮影できる機能を備えたものもある。

それでは、プロがムービー専用機にこだわる理由は何かと言えば、レンズに高いズーム倍率が備わっていることが大きい。ビデオカメラでは20倍程度のズームが備わっているのが標準的で、これがプロの撮る絵に自由度を与えている。それであれば、これから動画撮影を始めようという人は、新型機購入の予算を交換レンズの購入に充てた方が効率は良いだろう。

もとより、スチール撮影用に開発されたカメラである。随時、動画と静止画を切り替えて使用すれば、携行する機材も少なくて済む。まずは、デジタルカメラで十分に場数をこなし、それでも動画撮影専用機が欲しいと感じるのであれば、それから機種選びを始めればいい。

動画編集はPCで容易に

撮影を終えた動画は、きちんと編集作業を行って作品に仕上げたい。それでは、この編集にはどのような機材が必要なのだろうか。現在、アマチュアであっても、動画撮影に力を注いでいる人は相応の編集用機材を揃えているようだ。

しかし、これも余計な心配は不要である。家庭用のパソコンに標準で搭載されている動画編集ソフトで、かなりのものがこなせる。まずはこの機能を十分に使いこなせるようになるのが先決である。BGMに使用する音の素材もインターネット上に無料のものがたくさんアップされているから、まずはこれを使用して編集作業のコツを掴もう。それでも物足りなく感じるようなことがあれば、一定の料金を支払うことで使用が可能になる音の素材が用意されている。それを使えばいい。これだけの機材でも、ＳＮＳ上やユーチューブにアップできる魅力的な映像作品を作ることが十分に可能である。まずはそのステップを極めよう。

ところで、動画撮影となると、スチール写真とは異なった条件が生まれてくる。もっとも注意したいのは音。スチール写真には音が写ることはないが、動画ではそうはいかず、線路のすぐ横を幹線道路が走っているような場所での撮影は避けよう。それとは逆に、列車が近づいてくる時に聞こえる警報機の音は、作品に彩りを添えることだろう。スチールでは邪魔な遮断機も、その動きが面白い。そして、なるべくなら長い間、車両の姿を見続けていられる場所が動画撮影には向いている。そのような場所では、レンズのズーミングや、列車の動きに合わせてカメラを振る「パン」にも挑戦してみたい。

それともう一つ、できるのであれば、多くのファンが列を成す場所での撮影は避けておいた方が無難だろう。スチール派は音については無頓着である。ファン同士の話し声などが入ってしまうと、せっかくの作品が台無しということになりかねない。

最後に、これはスチール撮影にも共通して言えることなのだが、撮影の場所選びには、最後のひと工夫を惜しまないようにしよう。最初に決めたポジションから撮影場所を50

メートル動かしてみただけでも、作品のクオリティが見違えるようになるというのも、よくある話だ。仲間と和気あいあいの撮影は楽しいが、人と同じ写真を撮っていて満足できるかどうかは考え方による。少しでも工夫を凝らして、作品に個性を与えることを、いつも肝に銘じていたいものである。

鉄道を作る　～鉄道模型～
基本は「スケール」

私たち〝大人世代〟が、子供の頃にやりたかったもの、そしてやりたくても思うようにできなかったものの代表が、鉄道模型ではないだろうか。ヨーロッパでは「キング・オブ・ホビー」という言葉があり、これが鉄道模型を指す。鉄道模型こそ趣味の王様というわけだ。なぜかというと、この趣味には一人でコツコツと楽しむ、あらゆる要素が備わっているからである。車両のコレクションを広げる、あるいは自作する、車両が揃ったら、次は〝レイアウト〟と呼ばれる車両を走らせる舞台を作る。どれも実感的に作らなければならないから、実物の車両や、駅の様子を観察する。すると、その背景が関わるので、鉄道の歴史についても学んだ方がいいだろう。リアルに見える風景を作るためには、生物や

上級者のNゲージレイアウト製作例。ここまで作り込むと、模型とは思えないほどだ。一度、没頭したい（模型製作／ドナルド・アグニ）。

地学の知識が必要になることもある。そういう姿勢でいるうちに、世の中の森羅万象に思いを馳せる時間が必要になる……。

もちろん、どこまで掘り下げるかは人それぞれだ。予算があればそれなりに投資して模型の大鉄道を作り上げるのもいいし、予算がなければ、１両の車両だけでコツコツと楽しめばいい。それが鉄道模型。一人の人間が一生という時間を費やしても、遊び切ることができない世界だから「キング・オブ・ホビー」なのである。

念願の鉄道模型を始めるにあたって、まずは基本となるスケール（縮尺）の話から。

一口に鉄道模型といっても、そのスタイル、車両の構造は実に様々なものがある。実物の蒸気機関車と同様に、ボイラーで石炭を炊いて水を沸かし、発生した蒸気でピストンを動かす模型もある。これは〝ライブスチーム〟とも呼ばれる模型で、商業施設のイベント会場などで臨時の線路が敷設され、子供たちを乗せて走る列車の姿を見たことがある人は多いだろう。このライブスチームにも様々なスケールが用意されていて、大きなものは人を乗せて走ることができ、小さなものはリアルな外観の車両を作り、列車編成を仕立てることができる。数は少ないながら、このサイズの模型を製作、販売しているメーカーもあって、完成品を手に入れることもできる。しかし、ライブスチームの機関車を初心者が自作することは難しい。このサイズの模型をじっくりと楽しみたいのであれば、まずは同好の士が集まる模型クラブに顔を出し、知識の習得から始めるのがいいだろう。

私たちが一般的に〝鉄道模型〟と呼んでいるジャンルが、家庭用の電力を使用して走らせるものだ。これも実に様々なスケールが用意されているが、基本的な構造はどれも同様で、〝トランス〟、あるいは〝パワーユニット〟と呼ばれるコントローラーで家庭用電源を16ボルト程度に降圧し、プラスとマイナスの直流電気を2本のレールに流して、車両に取り付けたモーターを動かして走る。

現在の日本の鉄道模型の主流となっているのが「Nゲージ」で、線路幅は9ミリ。NI

Nゲージ（左）とHOゲージ（右）では、大きさにこれほどの差が出る。比較的狭い家が多い日本でNゲージが普及した背景でもある。

NEの頭文字を取ってこの呼び名が生まれた。世界標準では160分の1の縮尺で製作されるが、こと日本型車両は150分の1というのが特徴だ。そして、これよりも大きいサイズに「HOゲージ」がある。線路幅は16・5ミリで、世界標準のスケールは87分の1。ただし、日本型車両は80分の1で作られることが多い。そして終戦後から、昭和30年代の半ば頃まで、日本の鉄道模型の主流となっていたのが「Oゲージ」だ。線路幅は32ミリ、縮尺は48分の1が主流だが、これも国によって細かな派生がある。

一般的なNと〝大人世代〟向けのHO

現実的に手軽に楽しむのであれば、「Nゲージ」か「HOゲージ」を選ぶことをお勧めする。

Nゲージは車両が小さく、狭いスペースでの運転に好適だ。日本では大手メーカーによる大量生産が成功したことから比較的安価であることも魅力で、レイアウトを製作するための用品も豊富に出揃っている。

一方のHOゲージは、車両はそれなりの大きさがあり、実際に走らせた時の迫力は、Nゲージとは比べものにならない。しかし、日本型HOゲージの多くは近年になってプラスチック製品も出てきたものの、総じて高価で、少量生産の高級品は工芸品を思わせる価格がつけられている。製作のほとんどの工程が職人の手作業によるものだからこれもやむを得ないが、一度見ると、その美しさに見とれてしまうほど精巧に出来ている。なお、同じHOゲージであってもドイツ製のメルクリンだけは電気方式に交流3線式を採用しており、その他のメーカー（日本も含めて）が採用している直流2線式とは互換性がない。

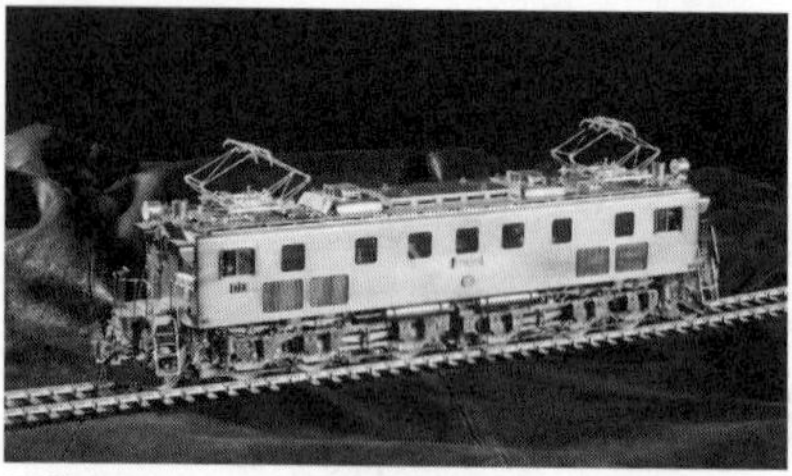
子供の頃はHOゲージやOゲージが主流だった。迫力はやはり桁違い。大人になった今なら、チャレンジできるチャンスだ。

現在の日本の鉄道模型愛好家の、8割程度がNゲージユーザーだろう。したがって、遊び方指南の書籍、情報もほとんどがＮゲージを対象としている。その意味では手軽に始めるのであれば、Ｎゲージを選択するのは、まず間違いのないところだ。それでも、〝大人世代〟が鉄道模型を始めるのであれば、ＨＯゲージも有力な選択肢と考えてみたい。車両が大きいということは、それだけ様々な表現ができるということである。子供の頃に模型売り場で見た鉄道模型がＨＯゲージで、これに憧れていたのであればＨＯゲージを始めるのがいいだろう。ＨＯゲージは車両の存在感が違う。そのテイストの違いを感じ取ることができるのが、〝大人世代〟というものだ。

手短に鉄道模型を開始、または再開するにあたって、まず必要なものは何か？　これは言うまでもなく、線路と車両、それからコントローラーである。これらは模型店で入手できる。昔はデパートの玩具売り場の一角に決まって鉄道模型を取り扱っているコーナーがあって、そこでＨＯゲージの入門用セットが売られていたものだが、今は鉄道模型を扱っているデパートは非常に少なくなっている。その代わりに家電量販店などに鉄道模型を扱っている所が多く、工作材料、工具、それにＮゲージの完成品などが、非常に豊富に揃えられている。量販店で扱われる鉄道模型は割引販売をしている場合もあり、これも大いに魅力的だが、反面、専門的な知識を持たない店員が対応していることもあるから、鉄道模型の専門店の所在はチェックしておこう。専門店の店員は、自分自身が好きだからこそその仕事を選んだ人たちだから、アドバイスは的確だ。例えば工作に使う接着剤一つを取っても、接着力や乾燥時間、用途などと突き詰めてゆくと実に悩ましくなるものなのだが、そういう時に役立つのが、専門家のアドバイスなのである。遠い昔の鉄道模型専門店には、偏屈な親父がいたりして、模型店は怖いというイメージを拭えない人も多いかもしれない。かく言う私もその一人で、店頭で叱られた記憶が今でも一種のトラウマとなっているのも事実なのだが、幸いなことに、その悪しき風潮は今日では過去のものとなったようで、繁盛している店は、どこも客を大事にする。万が一、変わり者親父に出会うようなことがあったとしても、心配することはない。こちらも偏屈親父と同じ年頃になっているのだから、頭から叱られるようなことはないはずである。

鉄道模型〃大人世代〃流の楽しみ方

いよいよ車両と線路とコントローラーだけを買ってきて、小判形の線路の上で車両を走らせた鉄道模型ビギナーが、次にするべきことは何だろう?

考えられるのは、車両の増備と線路の延伸だ。予算に応じて編成を増備し、線路を延ば

少し慣れたら、手作りの構造物にもチャレンジしたい。機関庫一つ作ることに没頭できる幸せもまた、鉄道模型の醍醐味だ。

そう。ポイント（分岐器）を買ってきて、側線や引込み線を増やしていこう。こうなると、気分は鉄道会社の社長である。駅舎やホームも完成品やキットが売られているから、これを線路の横に並べれば、実物感が増してゆく。車両の増備は、自分の好きな車両を増やしてゆくべきなのはもちろんだが、〝大人世代〟の眼で最初から一定のテーマを設けておくのも楽しい。例えば「昭和47年の山陰地方」という具合に、自分の鉄道シーンを決めておけば、買い揃えるべき車両も自ずと決まってゆく。この例で言うとキハ82系や、DF50形機関車や、茶色に塗られた旧型客車といった面々が顔を揃えるだろう。これらの車両をテーブルか、飾り棚の上に並べてみよう。駅舎や、樹木も追加すると、まさにあの頃の鉄道シーンの再現となる。思いはさながらタイムスリップで、鉄道模型を始めて良かったと、心から嬉しい気持ちになれるはずだ。

一方で、模型らしい迫力を味わうのもいい。線路を複線にレイアウトすれば、小判形の線路（模型用語では〃エンドレス〃と呼ぶ）を2組用意してのすれ違いが楽しめる。この線路をポイントでつなぎ、さらに分岐する線路も作って、その先を車庫と見なす。これが高じるとダイヤ運転を組みたくなる。1分1秒までを80分の1にスケールダウンするのは大変なので、列車を動かす順番だけを決めておく。ローカル線であれば、まず朝一番で動くのは気動車か客車の短い編成だ。ラッシュ時には長い編成が走り、次に特急が走って来る。これは都市圏から乗り入れてきた列車だなど……。こういう風に架空の社会を作り出すことが鉄道模型の大きな楽しみで、これであれば車両もさして多くは必要ないから財布にも優しい。家庭の中の財務大臣の認可を得ることも、比較的簡単であると思われる。

ちなみに、私自身はどのように鉄道模型を揃えていったのかというと、正直に白状すると手当たり次第。メチャクチャだった。HOゲージもあれば、Nゲージもあり、Omゲージ、On30ゲージなどというマイナーなものもある。そのような次第だから、まとまった形にはほど遠く、諸先輩の模型大鉄道と比較すればお恥ずかしい限り。これも悩みと言えば悩みと言え、行きつけの模型店店主に対策を相談した。今からどうやって、格好のいい模型鉄道にするべきかと。店主の答えは明瞭だった。「趣味なのだから、どんなやり方だっ

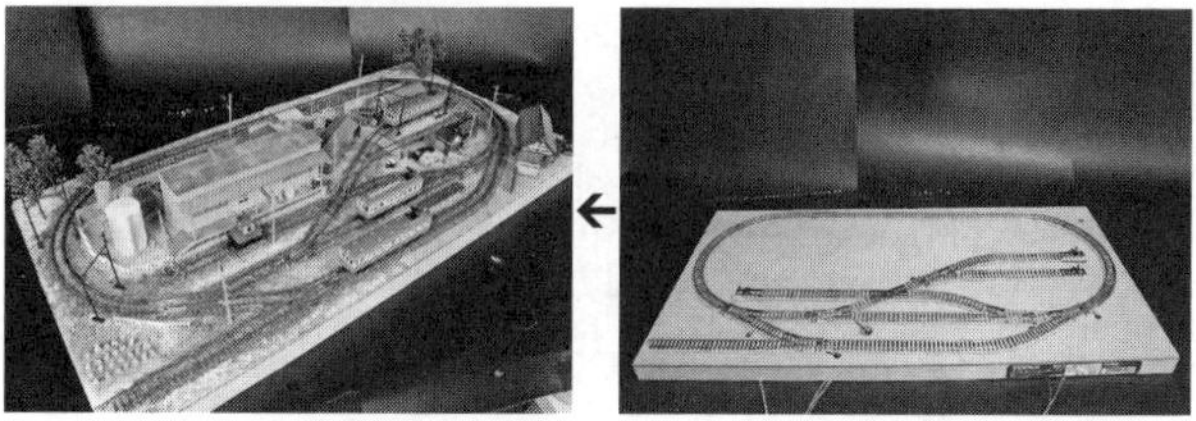

レールを敷いて作り始めるレイアウト作例。単に車両を走らせるのと、ストーリーを加えて実物感を出すのとでは、まったく別物。やはり、自分が作った世界を走らせたくなるものだ。

て正解なのです」。趣味の奥義であろう。

自然、システム……。より現実に近づける至福

それでも、やはり、好きなようにやればいいと言ってしまうだけでは、何の指南にもならない。エントリーユーザーの、次の次、あるいは最終目標をどこに置くべきなのか？

昔からの定説となっているのが「固定式レイアウト」の製作だ。一つの目安として、畳一枚程度の専用スペースを用意し（ゲージが何であれ、このサイズが一つの目安と言われる。もちろん９００×６００ミリ程度のスペースでも構わないが、小さくなると表現できる世界も小さなものとなる）、線路を小釘で固定する。そこに駅舎、ホーム、車庫、駅前商店、民家などの建物を追加し、色つきのパウダーなどを散布して、自然風景を作ってゆく。これが固定レイアウトだ。近年は〝ジオラマ〟と呼ばれることが多くなってしまったが、鉄道模型の世界では車両の運転ができるものは「レイアウト」、車両を動かすことのない風景だけを再現したものを「ジオラマ」と区別していることは、覚えておいてよい。

レイアウト上の駅には人形を立てよう。列車の到着を待つ乗客である。桜の花と紅葉が同居するのは不自然だから、季節を決める（ただし、レイアウトの中のコーナーによって季節感を変えているモデラーもいる）。

運転の方式にも様々なギミックが用意されている。DCC（デジタル・コマンド・コントロール）という新しいシステムを導入すれば、線路に2本のコードを繋ぐだけで、最大256列車以上でも同時に運転することができる。しかも、列車の汽笛や、走行音を出すことも可能だ。凝ったギミックには駅の案内放送というものもある。幸か不幸か、私が聞いたのはドイツ語のバージョンだけであったが、そのアナウンスを聞いただけで、ドイツに行きたくなったことは確かだった。

これよりも安価なものに、サウンドシステムがある。これは国内にも比較的安価な製品があって、コントローラーにカードを差し込むことによって列車の走行音を出せるものもある。音の演出があるだけで、鉄道模型ががぜん実感的になる。

レイアウトのスペースは大きければ大きいほど、様々な遊び方ができ、アメリカなどではレイアウト専用の家までを持ったという人も少なくない。一方、ヨーロッパでは畳1枚程度のスペースでHOゲージの固定レイアウトを作るケースが多い。メルクリンなどのヨーロッパ製の鉄道模型は、そのために急曲線の通過が可能な構造を採用している。

レイアウトを置く場所

レイアウトは精密なだけに、設置場所には一工夫いる。〝大人世代〟は子供が独立した人が多いから、子供の空き部屋というパターンが主だが、ほかにロフトの上、ベッドの下、二段ベッドの下段（ベッドの持ち主は上段に寝る）、押入の中、食器棚の上に間借り、普段は壁に立て掛けるなどの方策がある。また、過去の発表例では、天井裏、床下、ベランダ（普段は雨除けのカバーをかけておく）、部屋の中の鴨居から上の部分、庭の一部、ガレージの天井部分（運転をする時は、クルマを外に出す）という事例もあるから涙ぐましいほどの熱意だが、要はやる気だ。美空ひばりの『柔』などの作詞を手がけた関沢新一は、部屋の壁に沿って細長い棚を作り付け、そこに線路を敷設した。さらに線路は延び続け、食器棚の背面を抜けてトイレの中を貫通し、線路はこれでようやく一周したのだった。列車が周回する部屋で過ごすひとときは、氏にとって至福の時であったに違いない。

室内の鴨居を利用してレイアウトを作成した例。

レイアウトを置くスペース、あるいはそれに付随する工作用のスペースをどこに求めるか？　理想を言えば、前述のように趣味のための家を一軒持つことで、アメリカにはそんなモデラーも多いが、さすがにそこまでは無理であるとしても、別荘の一室を模型の部屋にする、あるいは庭に小さなプレハブを建てるという方法で趣味の空間を確保した人も少なくない。天井裏のスペースをリフォームして、趣味の部屋に仕立てたモデラーもいる。この方法であれば、さして予算をかけずともある程度のスペースが確保できるが、夏、冬には厳しい環境が待っていることは覚悟して空調の対策を練っておこう。それでも、広げた工具や模型を片付けることなく、放置しておけるのは、何よりも精神衛生上よろしい。

もう一つ、専門誌で提案されていたものに、下宿向きの小さな部屋を一つ借りるというものもあった。これであれば、専用の家を建てるような壮大な計画を練らずとも、比較的簡単に手に入れることができる。４畳半の部屋であっても、趣味専用の部屋となれば十分に広い。今は携帯電話の所有が当たり前の時代だから、気が向けば、必要な工具とスマートフォンだけを携えて〝隠れ家〟に向かうことができ、家族に心配をかけることもない。昨今、多くなっているという地方の空き家を探す方法もある。

一つここでアドバイスできることは、どのような方法を採用するにしても、無理をし過ぎないことである。鉄道模型レイアウトは趣味を楽しむための設備なのだから、理想としては、毎日を過ごす家の中の一等地にあることがふさわしい。鉄道模型で遊びたいという気分も日によって差があるもので、熱烈な希求がある時には、家の増築の際に生まれた抜け穴のごとき小部屋に向かうことも苦にならないが、気持ちの冷めている時には、それすらが億劫になる。無理をしないことが長続きのコツであることは、何事も同様なのである。

鉄道に乗る　～旅の時間～
出張旅行も旅のうち

定年が少しずつ先送りにされている現代では、まだまだ仕事場への通勤、あるいは仕事を目的としての旅行を続けている人も多いことだろう。

ビジネスマンにとって、出張は仕事の一部。出かける先、要件は様々でも、いくばくかの使命感を抱き、その一方で毎日の仕事場とは違う場所に身を置くことができる開放感には、独特のものがある。あるいは出張とは無縁の仕事に携わっていても、研修、視察、商談、打ち合わせなどで職場を離れる機会はあるものだ。そのような時間を活かして、鉄道趣味を楽しんでみよう。

多くのビジネスマンが実践している出張活用法は、正規の出張日の後ろに有休をくっつけ、その日はプライベートタイムとするもの。出張先や、その往復途上の鉄道を楽しむには有効な方法だ。ただし、一度出張に出たら帰社するまでは勤務であると考える組織もあり、帰路の列車の中でビールを飲むことが咎められることすらあるから、この辺りはお勤め先の規則に拠るところである。

利用する交通機関に自分なりの工夫を加える方法もある。例えば乗る列車の使用車両を調べ、行きと帰りで違う車両に乗るという、ささやかな楽しみ方。私が知るビジネスマンには東京から九州への出張には必ず列車を使うという人がおり、たとえ行き先が宮崎であっても飛行機ではなく列車。寝台列車が健在であった時代には、必ず「富士」に乗ったという。訪問先の担当者からは「あなただけは、他の人とやって来る時間が違う」と言われたそうだが、ポリシーは変えなかったのだとか。こうなると、「たとえ来る時間が他とは違っても、あの人とする仕事は楽しい」と先方に思わせる力量も必要で、つまり個性の見せどころである。こうした人間関係をうまく仕事に活かす術とすることもできそうで、鉄道趣味がきっかけで取引先と話が盛り上がり、新しいビジネスが生まれるチャンスもあるだろう。

また、新幹線網が全国に広がったことによって、並行在来線の楽しみが生まれている。その多くが第三セクター鉄道に転換されているが、車両、旅客サービスなどに様々な趣向を凝らし、国鉄・ＪＲ時代にはなかった活気を創出しているのが、現代の第三セクター鉄道である。この探訪は、その線の昔を知る〝大人世代〟にとってお勧めである。実際に乗ると、変わったものと変わらないものが見えて面白い。また、例えば東海道本線や山陽本線など、並行在来線に少しだけでも乗ると、昔を思い出したりする。ぜひ、新幹線で出張

鉄道好きにとって、駅で過ごす時間は楽しい。上野駅のようなターミナル駅では、頻繁に出入りする列車や歴史を感じるモニュメントなどもあり、1時間はあっという間だ。

に行ったら、主役を譲った後の並行在来線を楽しんでみよう。

さらに、泊りがけの出張で、ホテルにチェックインした後に、やおら「乗り鉄」と化すビジネスマンや、駅前ホテルから駅まで出かけ、そこで列車を眺めることに夜を費やすビジネスマンもいる。直帰が可能な出張なら、帰りの時間を遅らせて現地の鉄道に乗ることも可能だ。今日ではスマートフォンでも十分な画質の写真を撮ることができる時代である。1時間あれば、駅や、駅前の電停で、鉄道を楽しむ方法がいくらでもあるのだ。

平日の旅で〝大人世代〟らしい時間

あなたの有給休暇は、すでに相当貯まって

はいないだろうか。それであれば、これを使って平日に旅に出よう。私たちが猛烈に働いてきた時代とは違い、今は自分なりの生き方が尊重される時代である。現に、私たちより若い世代は、私たちが若かった頃よりももっとドライに、そして賢くスマートに有休を使っているはずである。

今は昔と違い、ひたすら職場に通うことが美徳とは捉えられない時代である。職場での仕事を休んだとしても、その代わりに旅先で何かを学び、それを仕事にフィードバックすれば良いのである。そういう柔軟な発想が自分の仕事をさらに高めることは重々承知しているはず。あとは実行あるのみだ。

平日の旅行であれば、渋滞、行列とは無縁だ。休日に比べて料金が安くなる観光施設、飲食店も多く、一度平日の旅の魅力を知ってしまうと、休日は家で休んでいるに限る、と考えるようになるかもしれない。まとめて休みが取れない場合は、週末や連休などの後ろに、もう1日休みを取るという方法があり、これは多くの人が実践している。最大の効用は渋滞やラッシュの回避だが、連休最後の休日は旅館、ホテルの予約を取りやすいというメリットもある。また、連休の最終日はなにかと気ぜわしくなりがちだが、1日の休みを追加するだけで、帰宅を急ぐ人を尻目に、ゆっくりと時間を過ごすことができる。さらに鉄道趣味的には、現地のウィークデーの朝を見ることができるのも大きなメリットだ。平日の朝に駅に出向いて鉄道の様子を見ると、運用の少ない車両に出会うことだってできるかもしれない。

さらにこの考えをもう一歩応用し、週末を前にした平日や、休み明けの平日に半休を取るという方法もある。例えば、月曜日午前中を半休とすれば日曜日をフルに活用できる。私自身、この方法で在りし日の寝台特急「北斗星」の上り列車への乗車を楽しんだことがある。上り「北斗星」の魅力は、ディナータイムに函館本線の車窓風景を楽しめたことで、気張って注文した当時7000円だったディナーコース料理を、海を見ながら食前酒から順にのんびりと楽しめたことを覚えている。その日の昼食はジンギスカン鍋の食べ放題であったのに、我ながら食い意地が張っていたと思うが、そう簡単には行くことができない北海道旅行である。それくらいのことはしてもいいし、しなければならないと思う。バチが当たったという記憶もない。寝台列車の退潮が極まった感のある今日ではあるが、例えば特急「サンライズ瀬戸」「サンライズ出雲」に乗る機会があったら、月曜午前帰りの行程で旅するのもいい。

５日間の有休を取って〝自分へ〟の旅

海外への脱出はともかく、貯まった５日間の有給休暇を国内で消化するとなれば、かなりの場所を巡ることができる。東京を起点にすれば、北海道から九州まで新幹線利用でも半日で到着することができるようになった今日、例えば月曜～金曜の有給５日＋前後の週末４日間の合計９日間があれば、子供の頃に憧れた日本一周の鉄道旅行を敢行することも決して夢物語ではない。鉄道を趣味とすれば、時刻表を駆使しての９日間の鉄道旅行の計画を立てることなどむしろ楽しみの一つだろう。多少の強行軍となる箇所を意図的に含めながら、札幌～長崎間などと言わず、稚内から西大山、あるいは枕崎までの全国縦断鉄道大旅行が、それこそ一晩のうちに立案されるに違いない。

それを踏まえつつ、９日間の休みは子供の頃に夢見ていた鉄道日本一周を実現するチャンスだが、もう一つ、〝大人世代〟は〝自分へ〟の旅をお勧めしたい。

例えば学生時代、試験勉強の合間を縫って、そっと『時刻表』を開いた経験はないだろうか？　『時刻表』は〝神秘の森〟とでも呼びたくなる魅力ある書籍で、巻頭の索引地図だけでも、数多くの夢を見ることができた。北海道の北端にある稚内は、あるいは九州の南端にある鹿児島にはどのような駅があり、どのような街があるのだろう？　と想像をか

『時刻表』上で憧れだった夜明駅。実際に行ってみると、駅の清楚な風景に思い出が重なって、甘酸っぱい気持ちになった。2011年3月10日。

き立てられたものだ。また、当時の国鉄の列車は、なぜ鹿児島駅ではなく西鹿児島駅を終着駅としていたのだろう？　なぜ、北九州にはあれほど路線が密集しているのだろう？　なぜ、飯田線にはあれほど駅がたくさん設けられているのだろう？　などなど、『時刻表』を開くたびに新しい疑問が生まれたものだった。それらの謎は、その多くが大人になって答えを見つけることができたのだけれど、今、改めて、あの頃の疑問を出発点とした〝空想の地〟に出かけてみることは意義深い、自分の生い立ちをトレースする旅となる。

また、私事を書くことになってしまうが、私にとっての憧れの空想地は、大分県にある夜明駅だった。久大本線と日田彦山線が分岐する、恐らくは山の中の駅。みどりの窓口はないから、きっと小さな駅なのだろう。けれども何故、夜明などという、およそ地名らしくない名前が駅につけられたのか？

数年前、取材で日田に宿泊する機会があり、わがままを言って、半日だけ自由な時間をもらった。そして早朝の列車で夜明駅に行った。駅は想像通りの小さなもので、無人の駅舎が改修を済ませたばかりのようであった。線路の脇を川が流れている。ここから分岐する日田彦山線の線路は美しい弧を描いて山ひだの奥へと続いていた。帰路をこの駅から日田彦山線経由とすることも考えたが、終着の城野までを乗り通せば半日以上がかかってしまうことになり、限られた時間での実行はためらわれた。やがてホームにやって来た私よりも少し歳上であろう女性に駅名の由来を訊いたが「それは分りません。けれどもこの駅の周辺に住まっている人は、皆とても意識が高いのです」というのがその答えで、けれども私には、それで十分だった。もちろん、由来を精査すれば、答えは見つかるだろう。けれども、女性の答えも、私の永年の疑問への一つの解答であるような気がしたのである。

9日間という時間があれば、鉄道を使って、どこにでも行くことができる。現地での時間もたっぷりと取れるから、自らの半生を重ね合わせてみる時間もたっぷりある。ようやく自分の時間を作れるようになったこの時期、〝自分へ〟の旅は精神的にも満たされた、かけがえのない時間となる。

自分で時間を作る〝大人世代〟たち

これまでに挙げてきた方法は、ほんの一例に過ぎない。工夫次第で、自分の時間はいかようにでも作ることができるはずだ。紀行作家の宮脇俊三が『時刻表2万キロ』の旅を続けたのは定年退職間際のことで、仕事に追われての限られた時間を、全国に残された国鉄の未乗区間の乗り潰しに使った。その多少の無理を重ねての旅の持続があの作品に輝きを与えていることは事実で、もしもあの旅が時間も予算も満ち足りた中で実行されたものであったとしたら、その記録はきっと味わいのない、のんべんだらりとしたものになっていたはずだ。その意味で、あの作品の真のテーマは、そろそろ人生の後半に差し掛かった一人の人間の、残された時間との対峙であったはずである。その証拠に、作品の中には全線の完乗を果たした著者が「私はすることがなくなった」と告白する箇所があり、このワンセンテンスが、あの作品のすべてを語っている。

この状況は、私たちにとっても同様であるはずだ。限られた時間を可能な限り有効に使う必要があるから、その行程に価値が生まれる。予算の多寡は人それぞれだが、一年が365日で、一日が24時間であることは平等である。そして、一人の人間に与えられた時間が有限であることも平等だ。1分1秒をという限られた時間を有効に使う心構えは、いつも忘れずにおきたい。

そのためには、自分の時間を作ることに工夫を重ねよう。ある社長が記したビジネス書には、〝自分が常にまわりよりも1時間早く行動することの効用〟を綴ったくだりがあった。朝1時間早いから渋滞に遭わず、昼1時間早いから食堂の行列にも付き合わずに済むというのが、その肝である。また、登山のガイドブックには、縦走の行程を半日分ずらせと説くものもある。人気コースで標準的な行程を採ると、いきおい山小屋などの施設はどこも人で一杯となっている。それを半日分ずらせば、比較的利用者の少ない山小屋を利用することができ、不要なストレスから解放されるというものであった。どちらも時間を少しでも有効に使いたいとする考え方が明確だ。

余談だが、私がかつて、何年間か参加し続けたヨーロッパの鉄道乗り歩きツアーは、毎年、建国記念の日が含まれる2月の週に行われていた。これであれば、週末は休みになるとして、4日間の休みを取れば9連休が取れる計算となる。2月のことだから彼の地もまた閑散期で、観光列車やホテルの予約も容易。冬のヨーロッパはほとんど陽が射すことがないのが残念ではあるが、スイスの名物列車である「氷河急行」は、峠越えの区間で見渡す限りの銀世界の中を走る。そんな風景を見ることも、日程に工夫をすることで可能となる。このツアーでは1回だけ、現地で行程が延びてしまったことがあった。成田空港が雪で閉鎖となり、私たちが乗るべき飛行機が飛んで来なかったのである。最終日の朝、ホテルのロビーで添乗員さんから帰国延期の説明を受けた参加メンバーは、説明が終わるなり街へ一目散に飛び出していった。もう1日ヨーロッパの鉄道に乗れるのだから、こんなに楽しいことはない。「なぜ、もっと早く言わない」とボヤいていたメンバーもいたというが、添乗員さんは「誰もクレームを口にしない不思議なツアーだ」と驚いていたそうである。これも鉄道を趣味とする者ならではのエピソードだが、趣味を持つ人は時間を有効に使う術に長けているのである。

鉄道を歩く　～廃線跡と保存車両～
実はかなりの歴史を有するアカデミックな趣味

多様にカテゴライズされている鉄道趣味の中に、廃線跡探訪がある。明治時代の鉄道開業以降、日本の鉄道は盛衰が激しく、全国の至る所に、廃止された鉄道がある。鉄道とは必ず地上に敷設されているものだから（地下に敷設された路線もありはするが）、廃止されたら多かれ少なかれ、その痕跡が残る。そのような線路が廃止された跡を訪れ、鉄路在

廃線跡の風景として名高い北海道の旧士幌線タウシュベツ川橋梁跡。夏季は湖底に沈む。2011年5月17日。

りし日の姿を偲び、あるいは現地で往時を知る人の話を聞き、その存在意義を考える。そんな歴史探訪の旅はアカデミックで、知的好奇心を満たすものである。元々は鉄道趣味界でもマイナーなジャンルとされていたが、近年は鉄道ファンばかりでなく、旅行愛好家や一般ハイカーにも注目されるようになっている。

廃線跡探訪が市民権を得たのはいつの頃からだろうか。実はこのジャンルはそれなりの年季があって、鉄道趣味誌の古参として知られる月刊『鉄道ピクトリアル』は、「失われた鉄道・軌道を訪ねて」という連載記事の第１回を１９６３（昭和38）年１月号に掲載している。このことからも、存分な歴史があることが理解できる。

近年では、元北海道大学の教授でエッセイストでもあった堀淳一が、廃線跡巡りの楽しさを名文に載せて、多くの著書にしたためて世に広めた。これを受け、さらに鉄道趣味誌が連載記事を掲載したことで、ブームに火が点いた。鉄道趣味の枠を超えて、一般市民も楽しむようになったのは注目すべきことで、80年代後半以降に数多くの書籍が発行されている。鉄道の歴史＝地域社会史でもあることから、各地域の歩みを体感できる場が廃線跡であり、この価値が、多くの人にも認められたのである。

廃線跡巡りのコツ

実際に廃線跡巡りの旅を始めるにあたって、必要なものは何だろう？

まずは情報。その路線が、どこからどこまでを走り、どこに駅が設けられていたのか。何年頃に廃止になったかという、その鉄道の全体像だ。幸いなことに現代は、情報が豊富に用意されているから、書籍なり、インターネットなりで調べられる。今では検索サイトなどで「鉄道廃線跡」と検索すると、たくさんの情報を得ることができるから、まずはお目当ての路線の概要、現況を把握しておきたい。

それでもインターネットの情報は断片的で主観もある。その意味でも、お勧めは国土地理院が発行する地形図である。かつて鉄道が走っていた場所の地形図とともに、鉄道が健

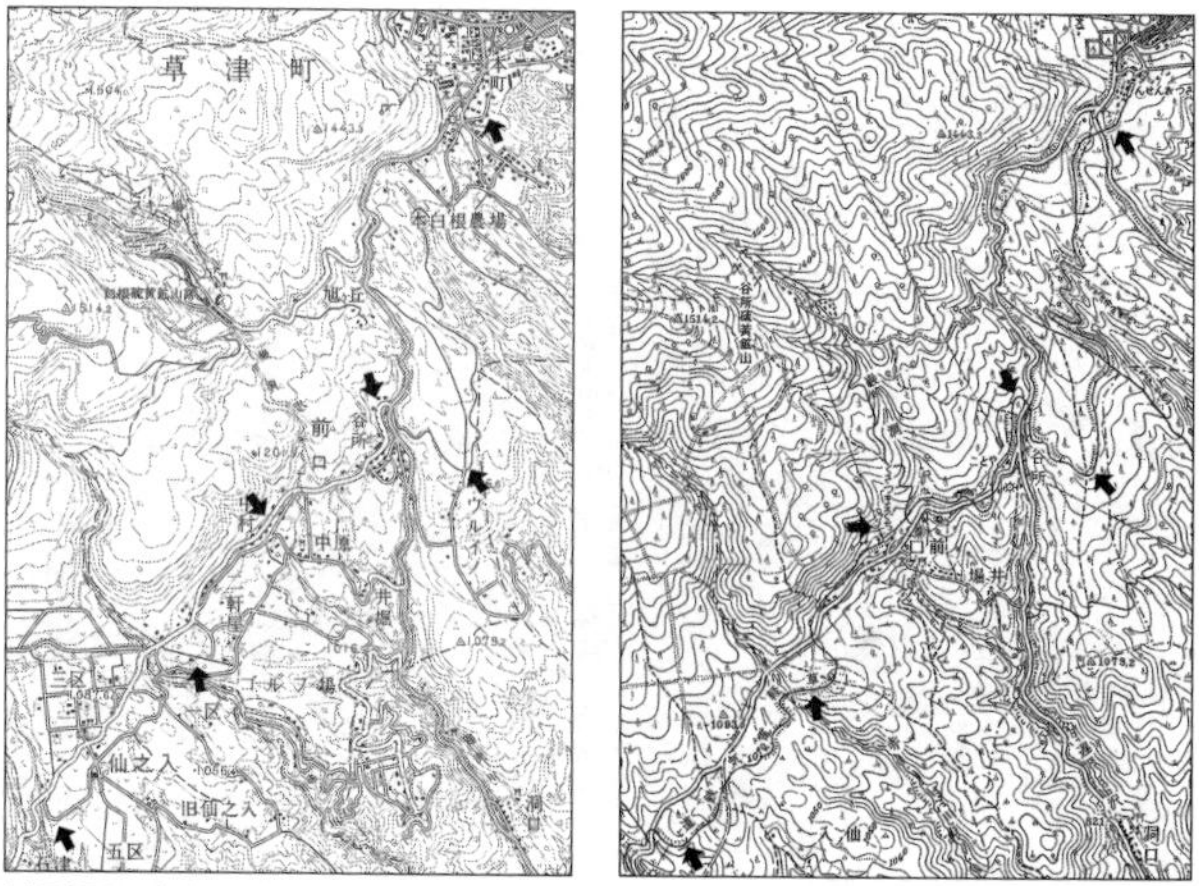

地形図の新旧を比べると、廃線跡の現状が把握できる。国土地理院地形図5万分の1「草津」で草軽電鉄を比べると(矢印)…。右は大正元年測図昭和12年修正測図同27年応急修正、左は大正元年測量昭和48年編集平成9年修正。

在であった時代に発行された旧版の地形図も用意し、見比べてみるといい。すると、現在は道路となっている場所が、かつて線路が敷設されていた跡であったり、今は空き地となっている場所にかつては駅が設けられていたことなどが一目瞭然だ。そこで、旧版を参考にしながら現代の地形図（コピーでもいい）に線路跡をトレースしてみよう。この作業は大変面白く、失われた鉄道が蘇る錯覚さえ覚える。こうすることで、実際の探訪にも利用しやすい道を見つけることができ、旅の行程も作りやすくなる。それなりの時間を要する作業となるが、これぞ〝大人世代〟向きの楽しみ方だろう。

廃線跡は、線路もそのまま残っているケースがある。そういった発見も、楽しさの一つだ。鳥取県の倉吉線跡にて。2012年4月17日。

これが高じると、その場所に行ってみたくなる。自分でトレースした地図を手に歩くと、単なる道ではない〝鉄道らしさ〟に気づくであろう。〝鉄道らしいカーブ〟とか、〝鉄道らしい築堤の上をゆく道〟など。中にはカント（曲線区間における2本のレールの高低差）がそのまま残っている道路であったりするから、鉄道好きにはこたえられない。列車が走っていた頃の姿を想像しながら歩くと、本当にカーブの向こうから列車が現れそうな気がしてくるのだ。そして、もしすれ違う地元の人（特に年配者）に出会ったら、鉄道がどこを走っていたか聞いてみよう。鉄道ファンにとって廃止された鉄道とは過去のものだが、地元の人にとっては〝おらが街の宝〟であったことが多く、しっかりとした記憶を持った人が多い。中にはイキイキとした話を教えてくれる人もいて、鉄道の存在の大きさを知ることができる。こういった現地体験こそ廃線跡歩きの醍醐味で、普段の生活では歩かない者が４、５キロ歩けたりするから、趣味の力とはスゴイ。

なお、最近では鉄道跡がそのままサイクリングロードになっているケースがある。この場合、歩いてもいいが、駅前や観光地などに設けられているレンタサイクルを借りて走ってみる方法もある。気分は運転士である。

さて、実際の廃線跡歩きで携行する物は、カメラ、地形図、メモ帳あたりは必須であるが、例えばインターネットで情報を検索したのであれば、該当ページをプリントアウトしておけば、心強いガイドとなるだろう。今ならスマートフォン１台あれば、すべて用が足りると考えがちだが、これに頼りきっているとバッテリーの充電が無くなるので、やはり紙資料が有効である。ただし、紙はとても重い物であるがゆえ、こういった資料を片手に、現地との状況を照合しながら歩いた方が楽しいので、地図と資料程度の必要最小限にとどめることがコツだ。また、廃線跡に沿って一日に数キロから10キロほどは歩くことが常だから、歩きやすい服装と靴も必須で、このあたりはハイキングのスタイルを参考にするといいだろう。

注意しておきたいのは、どのような廃線跡であれ、それは用途廃止となったものであること。住民の生活には不要となった存在であり、すなわち、事前の情報よりも荒廃が進んでいるケースも多いということである。以前は歩けたはずの道が歩けなくなっている、雑草が伸びて踏み跡が不明瞭になっているなど日常茶飯事だ。そのような時に、進退窮まってしまうことがないよう、地形図の携行は必須である。近年は中高年の登山における遭難や、キノコ採りでの遭難が報じられることが多いが、これらの事故のほとんどは無理のある行動が原因となっている。また、鉄道の路線であったがゆえに、所々にトンネルが現れることもあるが、トンネル内の道路が今も使われているものでないのなら、中に入ることはお勧めできない。

最後は脅し文句ばかりが続いてしまったが、廃線跡を辿る歩行調査は、整備された道ではない限り、コースの整備が不十分なハイキングコース歩きと考えるべし。何事も無理は禁物である。ちなみに、旧版地形図は国土地理院で入手できる。

鉄道の遺構にも注目しよう

かつて使われていた鉄道施設を巡るという切り口からすれば、廃線同様、遺構もまた興

大都市では大きな改修ができない場合が多いため、鉄道遺構は結構多い。旧万世橋駅跡は中央線の高架橋として現役だ。2013年9月14日。

味の対象となる。廃線跡が「線」であるならば、こちらは「点」、すなわちスポットとして現れる昔の形見である。具体的には橋梁の跡、駅の跡、トンネルの跡、引込み線の跡などで、設備が造り変えられた時に、旧施設が解体されることなく、そのまま残されることが多い。大都市圏でも思わぬ遺構が残っていることが多いから、手軽に巡ることができる利点もある。

例えば、東京で言えば千代田区神田須田町の旧万世橋駅跡がその代表例だろう。神田川のほとりに建つレンガ造りの構築物と言えば、多くの人がその姿を思い浮かべることができるのではないだろうか。この建物は中央線の建設を手掛けた明治時代の私鉄・甲武鉄道が自社のターミナル駅として建設したもので、現在の上野駅地平ホームと同様の行き止まり式のホームを有していたという。建物の内部には、飲食店などが設けられ、列車食堂の会社としても知られた「みかど食堂」が本社を置いた。甲武鉄道が明治末期に国によって買収され、東京駅への路線延伸などによって万世橋駅は廃止されたが、駅の構造物は残され（すぐ上を線路が延びているのだから、壊しようもないが）、現在は改修を受けて、屋内は商業施設として活用されている。1階と2階を結ぶ階段の一部は、現役時代の姿が保存されており、モダンな施設の誕生に心を弾ませただろう明治の人々に思いを馳せることができる。

このようなスポットを発見する鍵は、前に述べた新旧地形図の比較や、実際に鉄道に乗車した時の観察力による所が大きい。列車の中から、見慣れた車窓とは異なるものを見つけたら、忘れないうちにそれがどの駅とどの駅の間にあったのかだけでもメモしておくといい。もしスマートフォンを携行していたのなら、声で情報を吹き込んでおくのもいい方法だ。ボイスレコーダーだけでなく、動画撮影機能を使って音声を録音する方法もある。帰宅して紙のメモに書き加えたら、データは消去すればいい。それから改めて、書籍、インターネットを利用して、その遺構が果たして何であったのかを調べる。遺構の素性が分かったら、再びそこに出向いてみたくなるはずだ。

私自身の大きな悔いは、３度訪れた中国本土で、事前の勉強が不十分であったがために、旧南満州鉄道の路線に乗ったにも拘わらず、そこに遺構を見出すことができなかったことだ。事前に知識のあった同行の友人は、旧日本軍の施設跡なども見つけていたというから、事前の準備の差によって、発見の量もまったく違ったものになるということだ。これはもちろん、国内の鉄道についても同じことが言える。

保存車両を〝読み解く〟方法

遺構と同じように、私たちが随所で目にすることができるものに、保存車両がある。昔、主力として働いていた車両を、今も本線上で動かしながら保存することを〝動態保存〟、公園などに展示し、運転することは考えない保存を〝静態保存〟と呼ぶのが一般的だ。

静態保存の車両の価値は、それを見る者の知識の多寡に委ねられる。その車両が現役の時代にどこで働いていたのかを知ることがその第一歩だ。例えば東海道本線大森駅の近くの入新井西児童交通公園で保存されているＣ57形機関車66号機は、形式としては特異なものではない。それでも、この66号機の現役時の来歴を知ると、機関車の見どころが違ってくる。66号機は九州で運転されていた期間が長く、日豊本線の峠越えに備えて機関車のスリップを防ぐための「砂まき管」という部品が通常の機関車よりも増やされている。これは外観の小さな違いでしかないが、現場の要請で行われたのであろう改造ぶりに、扱いにくい機関車であったことが推測できる。すると、同時期の日豊本線には他にどのような機関車がいたのだろうとか、あるいはこの機関車が九州を去った時には、ディーゼル機関車が増えていたのだろうかと、関連づけた興味が広がってゆく。こうして湧き起こった興味を、体験を経ながら確かな知識へと広げてゆく過程は、鉄道趣味の醍醐味なのである。

保存蒸気機関車も、見る視点を変えると奥深い物語が見えてくる。入新井西児童交通公園のC57形66号機。2018年5月11日。

近所の、どのような車両でも構わない。公園の片隅、公民館の近く、あるいは駅前などに鎮座している車両を見かけたなら、じっくりと観察をし、車号を控え、スマートフォンのカメラでいいから写真を1枚撮っておこう。もし、車両のそばに来歴を紹介する説明板が建てられていたのなら、これもメモっておくか、メモ代わりに写真を1枚撮っておきたい。そして、他の車両との違いは何か、じっくり探してみよう。その車両だけが辿ってきた物語が浮かび上がってくるはずだ。

ところで、これら保存車両についても、その多くが今、時代の曲がり角に差し掛かっている。静態保存されている車両は圧倒的に蒸気機関車が多いが、国鉄の線路の上からすべての現役の蒸気機関車が姿を消したのが１９７６（昭和51）年3月のこと。それから40年以上が経過し、現役時の蒸気機関車の姿を知る人も少なくなりつつある。それがゆえに、静態保存されている機関車の価値を知らない人が多くなっており（それも無理のないことであるが）、建物の増築などの妨げと目されるようになってきたのである。静態保存の機関車といえども、ある程度の保守作業が続けられないのであれば、それは鉄の塊と同じということになり、老朽化が進めば、これが崩壊するという可能性もあって、今後は撤去、解体されるものも出てくることが予想される。だから、今のうちに、少しでも多くの記録を残すことには、大きな意義があるのだ。

鉄道を集める　～コレクション～

鉄道コレクションの王道は「紙もの」

ジャンルを問わず、何かを集めるのは楽しいものだ。１９６１（昭和36）年に発行された北杜夫のエッセイ『どくとるマンボウ昆虫記』の冒頭は「七面倒な理屈はいわぬ。とにかく物をあつめたがる人種がいるのは確かなことだ」で始まる。これは昆虫採集の楽しさを綴るための書き出しであったが、あらゆる趣味において当てはまる言葉だろう。

鉄道の世界にも、集めてみたくなる、集めだすとキリがなく、しかしそう簡単には止めることなどできないグッズがたくさんある。その王道とも言えるのが、いわゆる「紙もの」だ。これは言うまでもなく、紙を媒体として作られたグッズで、昔からその主役の地位にあるのが切符である。中でももっとも求めやすく、したがってコレクションの中心だったのが駅の入場券だ。かつて、ローカル線の終着駅で、列車の短い折り返し時間を活かして入場券を買う人の行列が出札口にできたものだった。国鉄の入場券は券面のデザインが一律で特別な趣向が凝らされているものではなく、違いがあるのは印刷された駅名だけだったが、サイズが小さく、硬券が主だったので保存がしやすく、一枚また一枚と収集を続けているうちにクセになってしまう。入場券に記された駅名や刻印された日付を見直すだけで、その時の旅のことを思い出すことができる便利なアイテムだったこともある。

ちなみに、私鉄の入場券となると、会社によっては券面のデザインに工夫を凝らしたものもあり、その味わいは千差万別となる。入場券がコレクションアイテムとして認知され

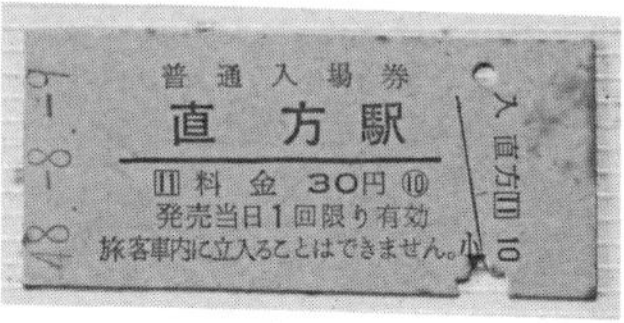

切符コレクションの王道だった入場券。旅の記念に気軽に買え、硬券であるのも保存しやすかった。筆者所蔵。

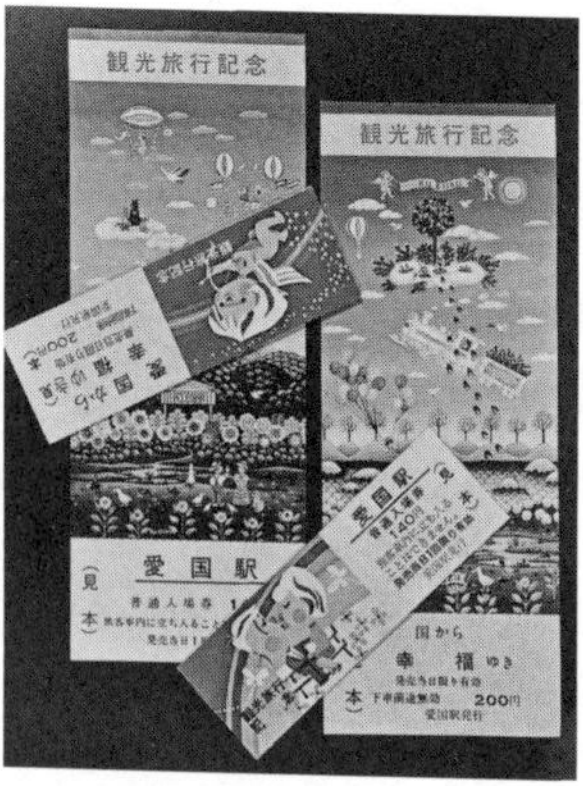

広尾線の愛国駅から幸福駅行き、という乗車券が縁起物としてブームなったのは1975年頃。記念切符や歌謡曲まで登場して、話題を集めた。写真は1986年の記念切符。

記念入場券や記念切符が、様々な話題とともに発行されたこともある。読売ジャイアンツ王貞治選手が世界記録となった756号ホームランを打った記念に販売された記念切符販売所に、長い列ができた。1977年9月19日、水道橋駅にて。

るようになると、当初からファン向けに特別なデザインを施した入場券も製作されるようになり、その流れは今も続いている。

昭和40年代以降に活発に発売されるようになったのが、記念入場券や記念切符だ。これは各鉄道会社の新線開通や新型車両の登場、創立〇周年などの節目に合わせて発売されたもので、やはり当初からコレクターグッズとして作られたものであることからデザイン、サイズなどに工夫が凝らされていた。中には切手のシートのようなスタイルで複数の駅の入場券をセットにしたものもあった。

この他、特急券や寝台券など使用済みとなった切符を許可を得て持ち帰り、自身のコレクションとしている人も多い。これらの切符の多くは今も昔と変わらず発売が続けられているが、駅の無人化が進んだことで、昔ながらの硬券切符を手に入れられる駅はすっかり少なくなってしまった。券売機で発券される乗車券でもいいが、経年変化によって印字が薄れるから保存には名刺ホルダーを活用する、などの工夫をしたほうがいい。

古い時代の主役だった絵ハガキとパンフレット

乗車券類のほか、「紙もの」のコレクターグッズは昔から多く、中でも明治中期以降〜戦前あたりまでの王道となっていたのが絵ハガキだ。明治以降に普及したカメラによって、鉄道を写した絵ハガキは今日では研究の資料としても高い評価が与えられており、高額で取り引きされているものも少なくない。自宅の物置から、黄ばんだ絵ハガキが出てきたら、それは研究者が血眼になって探し求めている一枚であるのかもしれない。

買いやすい、集めやすい、整理しやすい、そしてアートの世界を楽しめるなど、絵ハガキは今でも魅力十分のアイテムだ（由利高原鉄道　絵画制作：浜本節子）。

もちろん、そのような古い時代のものでなくとも、絵ハガキはお土産店などで気軽に入手でき、整理も楽な、好ましいコレクションアイテムとなっている。デジタルカメラの普及などで、お土産物としての写真の価値が下がりつつある昨今ではあるが、旅先ではぜひチェックしてみよう。文字通り、思わぬ掘り出し物に出会えることがあるかもしれない。

もう一つ、「紙もの」の王道がパンフレットだろう。昔は、活躍が期待される特急形車両が落成すると、鉄道会社や車両メーカーはこぞって立派なパンフレットを制作した。さしづめ、プロ野球の球団がドラフト1位指名選手の入団発表を華やかにショーアップするのと似ている。こういったパンフレットには、その時代の社会の姿が反映され、後年になって高い資料性が見出されることが多い。例えば、その時には当たり前だった乗客のファッションでさえ、10年も経てば、受ける印象は大きく変わってくる。鉄道会社の沿線地図が描かれたパンフレットも、後年になって変貌の大きさに驚かされることが多い。遊園地は姿を消し、温泉は旅館の改築などによって雰囲気が大きく変わり、何も無かった山の中にダムが出現するのが現代である。そんなパンフレットも、見返すたびに楽しい気分にさせてくれるはずだ。

パンフレットと言えば、鉄道関連の博物館のものも、忘れてはいけない存在である。ホームページによる案内が隆盛を極めている昨今だが、紙媒体には電子媒体にはない温もりがある。インターネット上のもののように、何かの拍子にある日突然消えてしまうこともないので、コレクションアイテムにふさわしい。

根強い人気を誇る駅のスタンプ

無料で集めることができ、旅の思い出作りにも好適なのが、駅のスタンプだ。限られたサイズの中で、それぞれの駅の特徴、セールスポイントがデフォルメされて描かれたデザインは、切手の図案にも似た芸術性を備えているため、様々なスタンプが集まるとなかなか壮観な旅の思い出となり、今も多くのファンが旅先でのスタンプ集めを楽しんでいる。駅のスタンプのコレクションに好適な『わたしの旅スタンプノート』（交通新聞社刊）は、時刻表と並ぶ隠れたベストセラーで、すでに45版を数えているという。

集めるコツは、事前情報。特にどの駅にスタンプが置かれているかなどの事前調査は必須で、可能であれば、駅のどの場所にスタンプが置かれているのかも確認しておきたい。地方の駅では列車の乗り換えの時間が限られることもあるから、前もって必要な情報を把握しておけば、余裕をもってスタンプを押しに行くことができる。

駅のスタンプは手のひら大の小さな印ではあるけれど、これも一定の量が集まってくるにつれ、コレクション熱が高まってゆくことは、他のコレクショングッズと何も変わりない。同様のコレクショングッズである入場券よりも情報量が多いのが魅力で、それぞれの絵柄を見返していると、それぞれの駅の佇まい、乗った列車、そこで出会った人の表情、あるいは乗り換えの時間に迫られて駅のコンコースを走ったことなどを思い出すことができるだろう。この思い出こそは、一人に一つだけの貴重なものだ。そこにコレクションの神髄がある。

ちなみに、どの分野にも極める人はいるものだが、〝スタンプ道〟の通は、カスレの無い絵柄を得るために、スタンプ面をクリーニングするための爪楊枝、ウェットティッシュ、自分専用のスタンプ台、吸い取り紙、試し押し用の紙、そして本番用のスタンプ帖などを携えて旅に出るという。

もう一つ、コレクショングッズとしてはいささか大がかりなものだが、廃止された車両などから発生した実物の部品がある。出物の数が多くはない品目だけに、容易に入手できるというものではないが、鉄道会社が車両基地の一般公開を行う時などに即売会が行われることが多い。車両基地の廃品がそのまま出品されてくるのだから、まさに産地直送、地産地消といったところである。私自身が見たものでは、京急電鉄の久里浜工場の一般公開で、用途廃止となった電車の扉が1枚2000円程度で販売されている例があった。この価格をどう受け取るかは人それぞれだろうが、あれだけの大きさの実物なのだから、リーズナブルな価格設定というのが第一印象であった。会場内には宅配便の臨時カウンターも設けられており、自宅への配送も容易。あとはどこにこのドアを置くべきなのかが問題となる。会場では手頃に見えた部品も、いざ自宅に設置するとなると、その大きさに驚かされるのが常だ。最初から何かの部品を購入したいと考えている時は、巻尺を携えて会場に向かうといいだろう。いずれにせよ、このような部品との出会いは文字通り一期一会のこととなる。実は私も、この会場で販売されていた、駅で使われていた道案内の標識を購入しなかったことを、今もって悔やんでいる。

今も変わらぬ楽しみ・駅弁の掛け紙

最後になったがこれももう一つ、忘れてはならないコレクショングッズに、駅弁の掛け紙がある。駅弁を巡る状況は、昔よりずっと多彩になった反面、駅弁を販売する駅はずいぶんと減っているようだ。新幹線の延伸開業は華やかなニュースだが、新しい高速鉄道の開業は人の流れを劇的に変えるため、駅弁の需要も一気に変わる。鉄道の世界の変貌は、時代を追うごとにその速度を上げているように見受けられるが、その都度、速やかな対応が求められるのも駅弁の世界だ。ホームに設けられた駅弁の売店は、列車の指定席の位置が変わっただけでも、売り上げが変化するという。

そのような時代にあっても、昔ながらの老舗は多くが経営の工夫を重ねることによって、生き残りを果たしている。近年は駅弁も多様化が進み、掛け紙の種類も増えているのは、コレクターにとって嬉しい傾向だ。第２章でも挙げた「駅弁屋　祭」のように、各地の駅弁を一堂に集めて販売する店も登場しているから、手っ取り早く集めるのには有効かもし

多彩な駅弁の掛け紙にも、レアものがある。これは横浜ベイスターズがリーグ優勝した1998年10月8日の翌日、一日だけ販売された優勝記念掛け紙のシウマイ弁当。筆者所蔵。

れない。同様の店は、各地に増えている。また、有名デパートで開催される駅弁大会とともに、近年は大手スーパーマーケットなどが、20品目程度を取り寄せて、ミニ駅弁大会を行うこともある。流通の発達が駅弁のマーケットを変えている。

それでも、掛け紙を集める基本的なスタイルが、鉄道に乗った旅先であることは、昔と何も変わりない。近年の駅弁は、昔ながらの定番が守られる一方で、新作駅弁や、期間限定発売の駅弁が随時登場していて、とても華やかだ。したがって掛け紙も集めるにつれその絵柄は壮大で、何かの絵画展を見るようである。この辺りは、日本酒や焼酎のラベル集めと楽しみは似ているかもしれない。

列車を乗り換える駅で、駅弁の購入を予定しているのであれば、売店の位置や、乗り換えの階段の位置を把握しておくといいだろう。これにはインターネットでホームページの駅構内図を閲覧するのが確実だ。さらに、この旅には同行者がいると好都合だ。一度に複数の駅弁を買い集めることができるからである。駅弁の研究家としても名高い某氏は、旅に出ると、親子二人で一日3食駅弁を食べ続けるという。何事も一流の領域に達するには、相応の努力が必要ということだろうか。

私の思い出になっているのは、とある鉄道の撮影会の昼食に駅弁を利用した時のことだ。集合時間前に東京駅の「祭」で、様々な駅弁を購入。昼食を「ミニ駅弁大会」と称して、各自が好きな駅弁を選んで食した。このような方法を採れば、一気に10種類以上の掛け紙を集めることもできる。……と目論んだのだが、結局、皆が鉄道ファンであったから、掛け紙は各自のお土産となった……。

鉄道を学ぶ　～鉄道系博物館～
鉄道系博物館は知のテーマパーク

私たちが子供だった頃、訪れただけで楽しくなる、可能であれば一日中そこにいたくなる場所のひとつに、鉄道関連の博物館があった。もちろん、現代の子供でも同じ気持ちだろうが、まだ情報や娯楽が少なかった時代には、博物館の存在は現在よりも特別だった。その楽しさは今も変わらない。また、世代を超えて楽しめる施設であるのも同じである。

「子供のために」「孫ために」と言いながら、自分が行きたいのが本心で鉄道系博物館に行ったことはないだろうか？

東京・神田須田町にあった交通博物館は、2006（平成18）年5月14日をもって閉館となり、その代替施設となる鉄道博物館が、JR東日本の創立20周年記念事業の一環として、2007（平成19）年10月14日に、埼玉県さいたま市にオープンした。交通博物館時代からのスケールアップを果たし、鉄道専門の博物館としての誕生は社会的にも注目され、以後、全国に鉄道関連の博物館が誕生している。

また、1982（昭和57）年4月3日の、東急電鉄による電車とバスの博物館のオープンも画期的だった。一私鉄による自社テーマの博物館の開館はそれまでに例がなく、来館者が実際に手を触れることができる展示の数々は、鉄道というシステムへの理解に好適なものだった。これ以降、私鉄による自社博物館の開館が続いている。

鉄道系博物館は近年の鉄道ブームもあって、展示に様々な趣向が凝らされ、昔の、単に遺産を保存展示するだけの施設とは大いに異なる楽しい施設となっている。有り体に言うのなら、遊びながら学べる〝鉄道のテーマパーク〟といった性格が備えられているのが、現代の鉄道系博物館なのである。また、展示点数の少ない地方の小さな博物館であっても、その地方の鉄道に関しては、地元で受け継がれてきた知られざる貴重な資料に出会えることもある。

そんなブームの中、〝大人世代〟も、鉄道系博物館に行かない手はない。どこも歴史、技術の解説や実物展示が充実しており、体験しながら学べるのである。例えば「なぜ蒸気機関車が走れるのか？＝ヤカンでお湯が沸く原理」といった、鉄道が持つ基本的な知識を改めて感じながら習得できる。確かに、子供の頃に習ったことだが、〝大人世代〟となった今、再度学ぶと、より実感的に理解できるはずだ。

各地方に誕生した鉄道系博物館は、その土地の特色が出て面白い。九州鉄道記念館にて。

家族を連れていけば、家族サービスとなることは言うまでもないが、平日に一人で行くのもお勧めである。新たな発見や、子供の頃からの自分の記憶との違いを見つけることができるだろう。また、展示車両も若返りが進んでいるから、昔、普通に乗っていた車両にばったり出会うこともある。おじさんが一人で博物館と笑うことなかれ。現代の博物館は大人を十分に満足させることができる知のテーマパークなのだ。きっと誰もが、図書館で一日を過ごした時に感じることができた充足感を覚えていることだろうが、学生時代に感じたあの感覚を今一度味わうことができる。また、もう一つの楽しみとして、ショップがある。どこもオリジナルのグッズがたくさん売られていて、大人でも欲しくなる日用品や趣味活動に欠かせない書籍などが充実している。

なお、展示車両は各会社で分かれていることはあらかじめ知っておきたい。私鉄はもちろんだが、JR東日本ならさいたま市の鉄道博物館、JR東海なら名古屋のリニア・鉄道館と、JR各社ごとに展示車両が違い、主にそれぞれの地域にゆかりの車両で構成されている。また、JR西日本の京都鉄道博物館は、それだけではなく、かつての梅小路蒸気機関車館をそのまま継承して蒸気機関車を稼働させている。いわば動物園の〝行動展示〟の蒸気機関車版だ。音、匂いなど、どれをとっても懐かしいが、子供や孫の世代にとっては新しいものとして映るようで、一緒に楽しめ、会話のネタが増えること請け合いである。

こうして次の世代へ受け継ぐのも、〝大人世代〟の役割と言えよう。

鉄道を発信する　～インターネットとSNS～

〝大人世代〟はネットワーキングの先駆者

〝ＳＮＳ〟とはソーシャル・ネットワーキング・サービスの略で、インターネット上で社会性を備えるネットワークを構築するサービスのこと。その基幹となるのは、言うまでもなく、各種の端末を電話回線に繋ぐことで、情報共有のネットワークを作るインターネットとなるが、このシステムが誕生する以前には、俗に〝パソコン通信〟と呼ばれるネットワーキングサービスがあった。これが元祖だ。

このパソコン通信とは、〝大人世代〟にとって、一度は触れたものではないだろうか。現代のインターネットとはシステムを異にするサービスで、一つのホストコンピューター（もちろんシステム内にバックアップはあるが）にアクセスすることで、様々な情報サービスの提供が受けられた。当時はまだ携帯端末はほとんど市場になく、その代わりにワープロ専用機を繋ぐこともできたのが大きな特徴だった。

その後、パソコンなどの情報端末が進化し、通信速度の劇的な向上もあって、時代は一気にインターネットの時代へと突入して今に至っている。パソコン通信では大変な手間がかかった

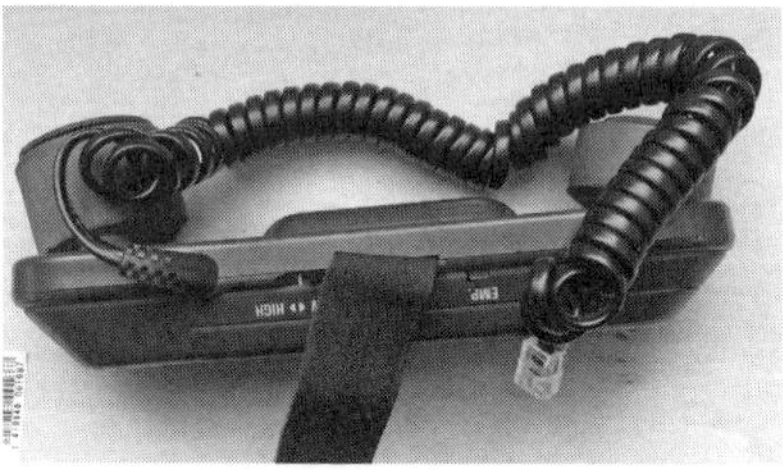

パソコン通信を経験した人は、こういった重々しい機器を買い揃えたはず（写真提供：黒子千恵）。

画像の送付も一瞬のうちに終わり、何よりも端末を手にした時点でインターネットへの通信環境が整えられている。いくら読んでも理解が難しい文章しか書いてないマニュアルを読み返し、友人に何度も電話をかけて教えを乞うた末に、自分の端末がネットに繋がった喜びを知っているのは、間違いなく今は一定の年齢に達した〝大人世代〟で、現在のSNSの基礎を作ったとの自負もあるに違いない。

だからこそ、鉄道趣味にもこれからSNSを最大限に活用して、自らを〝進化〟させていこう。今日では、テレビを見たりラジオを聞いたりするのと同じ簡単さでインターネットにアクセスできる時代なのだから。

SNSと上手に付き合う方法

俗に〝SNS〟という言葉で括られるサービスには、ブログ、ツイッター、フェイスブック、インスタグラム、ライン、グーグル+、アメーバ、ミクシィ、スカイプ、モバゲーなど、実に数多くのサービスが存在している。複数のサービスに加入している人も多いが、大事なことは、それぞれの媒体のいい所を把握し、上手く付き合うことである。それぞれのメディアにはそれぞれの長所、短所がある。まずはそれを把握しよう。メディアとの接し方は十人十色、人それぞれなのだから、ここであまり教訓めいたことを語るわけにもいかないが、インターネットも、カメラや、レコーダーや、もっと言えば、傘や下駄と同じ、道具の一つであるということを忘れずにいたい。俗に言う〝ＳＮＳ疲れ〟の結果、ある日突然、「私は本日をもって、この場から去ります」というような宣言を書き込む人もいるが、まったく手放してしまうには惜しいだけの機能を、現代のＳＮＳは有している。それまでとは別格のスピードで情報の交換ができ、友人を作ることができるのだから。

さて、ＳＮＳを始めるにあたって、まず考えられるのは、自分の写真などの作品、行動記録の発表だろう。発表した作品に、閲覧者からのコメントや、「いいね！」がつけば励みにもなり、意見の交換をすることで、自分自身が見落としていたことを書き加えることもできるようになる。

あるいはＳＮＳを通じて他の人の作品に触れることは自己啓発にもなるし、気が合う人とは長年付き合ってきたのと同じような友人関係を築くことができる。写真の撮影方法、模型の製作方法、廃線跡探査の方法など、疑問に感じたことはＳＮＳで知りあった同好の士に聞いてみよう。きっと有意義なアドバイスが返ってくるはずだ。もちろん、その逆もある。自分が知っている情報を分かち合うことで、友人、仲間との有効な関係を築くことができる。このやり取りは、通常の人間関係と何も変わりない。それでもインターネットメディアが圧倒的に優れていることは、人が住む場所、世代を超えた交流を可能にしていることだ。たとえ相手が北海道に住んでいようが、フランスに住んでいようが、自分の時間を使って、自分の部屋から、いつでも自由に交流できるのがＳＮＳなのである。

ＳＮＳ上の交流で大切なことは、趣味の発表においても、一般的な社会のそれと何も変わりはない。「継続は力なり」ということ、そして常に相手をリスペクトする気持ちを失わないこと。相手の顔が見えないだけに、通常の場では当たり前のようなことがないがしろになってしまいがちなのがＳＮＳの世界でもあるのだが、だからと言って、疲れてしまい、離れてしまうのは、あまりにももったいないのがこの世界でもある。ここは人生のベテランらしく、常に相手の気持ちを尊重しながら、自分のペースで、新しい趣味の世界を構築してゆくことにしよう。

なお、本書の巻末には、このようなＳＮＳにアップした時に見栄えがする写真が撮りやすい撮影地を全国から50カ所選定してまとめている。ぜひ、美しい鉄道撮影と旅とＳＮＳを一緒に楽しんでほしい。

観光の主役たる蒸気機関車たち

蒸気機関車はいつも注目を集めることから、地域観光の起爆剤となって復活している所も多い。車窓風景の美しさで特筆に値するのは、ＪＲ東日本の磐越西線を走る「ＳＬばんえつ物語」号。運転区間は新津～会津若松間で、多客期に一日1往復の運転。使用される客車もリニューアルが果たされており、グリーン車、展望車、フリースペースなどを設置。動態保存列車としては長旅となるが、阿賀野川や、磐梯山が現れる車窓風景もあって飽きることがない。

一方で、東京から最短で乗りに行けると謳われているのが秩父鉄道の「ＳＬパレオエクスプレス」だ。使用機関車はＣ58形363号機。Ｃ58形は、国鉄晩年まで使用され

SLばんえつ物語
磐越西線の鉄道構造物がSL時代から変わらないため、往時の雰囲気が色濃い。2009年10月17日。

SLパレオエクスプレス
主に東北地方を舞台に活躍していたC58形363号機で運転。2015年1月12日。

た中型の万能機で、蒸気機関車としては近代的な外観を持つ。機関車の故障によって2018（平成30）年の秋から運転が中止される一幕もあったが、どうやらその傷も癒えたようだ。

また、北関東では、まず真岡鐵道がC12形66号機とC11形325号機を使用しての運転を続けている。沿線には田園風景が続き、撮影ポイントを自由に得ることができることもポイント。真岡鐵道では、同社の本社がある真岡駅に隣接して「SLキューロク館」というSLミュージアムを開設。週末には圧縮空気を使用しての9600形の小運転も行われている。

さらに北関東ではもう一つ、東武鉄道鬼怒川線下今市～鬼怒川温泉間での復活運転が行われている。列車名は「SL大樹《たいじゅ》」で、沿線の活性化策として2017（平成29）年8月から運転を開始。週末などに、一日3往復が運転されている。使用される機関車C11形207号機は東武鉄道がJR北海道から借り受けたものだが、一年を通して多く運転されており、年間130日間にも及ぶ運行計画が立てられている。

この他、JR北海道ではC11形171号機を使用して、釧網本線釧路～標茶《しべちゃ》間に「SL冬の湿原号」を運転。列車名が示すように、1月から3月にかけての運転が行われている。

どの列車も、その沿線が一番〝それらしい〟季節になる頃に運転される場合が多いのが特徴。乗客は蒸気機関車の現役時代を知らない世代も多く、未来に受け継いでいこうという鉄道会社側の熱意も感じられる。老体にムチ打って（？）時代の橋渡しをする機関車の牽く列車に、ぜひ乗ってみたいものだ。

真岡鐵道
C12形66号機とC11形325号機の2機で運用されるSLもおか号。冬季は今となっては珍しい蒸気暖房が使われる。

SLキューロク館
SLが走る町・真岡を象徴する施設だ。キューロクこと9600形機関車のほか、旧型客車のスハフ44や、D51、キハ20などが保存されている。

SL大樹
SL大樹はC11形207号機。国鉄当時は北海道の日高本線で活躍していた。霧が多い沿線のため、前照灯が二つ設置されている。

第4章

鉄道×○○

新しいコラボレーションを楽しむ・作る

前章では鉄道趣味の様々な楽しみ方の王道を述べてきたが、現在ではこれらを〝〇〇鉄〟と称して親しんでいることをご存じの方も多いだろう。写真を撮ることを「撮り鉄」、乗ることを「乗り鉄」など、このあたりはよく耳にするが、その楽しみはもともと〝大人世代〟が王道として楽しんできた鉄道趣味のジャンルであることも述べた。つまり、現代になって多くの人が鉄道趣味に親しむようになったおかげで、新しい言葉が生まれているだけのことだ。これは一つの進化と捉えよう。

ならば、〇〇の言葉を自由に作る、という発想があっていい。そこで、本章では主従を反対に考えて、鉄道を脇役、あるいは味付け役としたら、世の中の多様多彩な趣味の数々とどんなコラボレーションを楽しめるか？　それを探ってみたい。ぜひ〝大人世代〟も色々な新しい〝〇〇鉄〟を作り出して、これからも進化していこう。

鉄道×グルメ　～〝動くレストラン〟の楽しみ

まずは、グルメ。食の探訪である。ここでは〝グルメ鉄〟と呼ぶ。

「一億総グルメ時代」「究極のメニュー」などという言葉が生まれてから久しい。料理研究家の辻静雄は「究極のメニューは存在しない」と語り、食の世界も常に変わり続けてゆ

西武池袋線と新宿線を中心に運転される「52席の至福」。"旅するレストラン"の言葉通り、美味しい食事を楽しむための車内にデザインされている。

くものであると指摘したが、ともあれ、誰もがそれぞれのペースで、美食を楽しめるようになったのは素晴らしいことである。

〃グルメ鉄〃の原点は、食堂車であろう。１８９９（明治32）年、山陽鉄道（現在の山陽本線）に誕生して以来、食堂車は常に鉄道とともにあったが、昼行列車では２０００（平成12）年３月の１００系新幹線、夜行列車では２０１６（平成28）年３月の特急「カシオペア」の廃止によってすべて姿を消してしまった。これもまた時代の流れということなのだろう。

しかし、列車内で必要に迫られて食べる食堂車とは反対に、今では列車内の食事そのものの楽しさを売りにした〃レストラン・トレ

いすみ鉄道「レストラン・キハ」。外観は昔の国鉄型ディーゼルカーそのままだが、車内はレストラン。特別な日にふさわしいメニューが用意されている。

イン〟とでも言うべきグルメ列車が人気を集めている。

熊本県と鹿児島県の八代海沿いを走る肥薩おれんじ鉄道で「おれんじ食堂」の運転が開始されたのは、２０１３（平成25）年４月のこと。この成功を受けて、千葉県を走るいすみ鉄道や、八戸線、磐越西線、予讃線、伊東線・伊豆急行、七尾線・ＩＲいしかわ鉄道、西武鉄道などでも同じタイプの列車が運転されているほか、２０１９年春に西日本鉄道で「ザ レールキッチン チクゴ」が登場するなど、レストラン・トレインの人気は、まだしばらくの間、続きそうな気配である。

これらは、食事が主役で、そのために列車が動くという発想が新しい。いすみ鉄道を例に取ると、イタリアンのコースの場合、地元のイタリアンレストランのオーナーシェフが調理を担当しているだけはなく、列車が同じルートを往復する点に着目し、拠点駅で保温ケースに入れた食材を随時積み込む工夫や、走行中の車両が揺れることから、使うソースはやや固めとして皿の上で崩れることを防ぐ工夫などがなされている。だから、本当に美味しい。変わりゆく車窓を備えたレストランなど、鉄道ならではの楽しみである。

また、動かないにしても鉄道とコラボした個人経営のレストランは多い。首都圏、関西圏を中心に、鉄道好きを楽しませる意匠を備えた店が数多く生まれている。この中には、1989（平成元）年にJR東日本が未来の寝台列車のあり方を探るべく試作した24系客車「夢空間」のうちの1両を客席の一部としたフランス料理店や、注文した品物が大型鉄道模型に運ばれて客席にやって来るカレー専門店、店内が鉄道グッズで埋め尽くされた居酒屋、カウンターの前を鉄道模型が走り抜ける喫茶店、あるいはバーもあって、そのどれもが、店主の鉄道への思い入れが反映されたものとなっている。

そして、第三セクター鉄道のわたらせ渓谷鐵道の神戸《ごうど》駅のホームには、かつての東武鉄道のデラックス・ロマンスカーの車体を活かしたレストランが、同じく第三セクター鉄道の天竜浜名湖鉄道の西気賀駅には改札口に隣接し、窓からホームに発着する列車が見えるレストランがあって、どちらもマニアックな装飾は施されていないものの、鉄道旅行の気分をさらに盛り上げる役割を果たしている。駅コンコースという広いスペースを活用し、テーブルから鉄道が見える飲食店は、この他にも全国に数多くある。

鉄道×クルージング　～憧れの豪華列車

豪華客船による世界一周の旅は、〝大人世代〟の究極の旅だろう。その列車版と言えるのが、クルージングトレインである。

豪華客車編成「ななつ星in九州」を、JR九州が運転開始したのは、2013（平成25）年10月のことだった。博多を起点に九州島内を2泊3日、あるいは3泊4日で巡る行程、編成あたりの定員はわずか28名で客室はすべて2人用個室で構成されて食堂車も連結。行程中には車中泊や車内でのディナーがある一方で、沿線の名旅館に泊まるという具合で、まさに列車版豪華客船だ。これに続き、2017（平成29）年5月には、JR東日本の「TRAIN SUITE四季島」が、同年6月にはJR西日本の「トワイライトエクスプレス瑞風」が登場し、北海道、本州、九州を列車でクルージングできる新時代を迎えている。

豪華な列車というと、歴史的には国鉄（当時の管轄は鉄道省）が戦前に東京～下関間を結んだ特別急行「富士」に始まる。この列車が結んだ先は、下関はおろかユーラシア大陸だ。〝欧亜連絡ルート〟と呼ばれ、東京からおよそ2週間でパリやロンドンに行くことができた。つまり、日本を象徴する国際列車だった。そのためもあって、日本の鉄道を代表する列車と位置づけられ、車内設備、接客サービスとも、当時の最高水準であった。この列車の最後尾には展望車が連結されたが、この車両に違和感なく立ち入ることができたのは、政治家、高級軍人、豪商などに限られていたと言い、車内の雰囲気は、社交サロンのようであったという。

こうした車内の贅を含めた代表列車は、その後も〝動くホテル〟と呼ばれた特急「あさかぜ」や、青函トンネル開通とともに誕生して食堂車のフルコースディナーが人気を集めた特急「北斗星」「トワイライトエクスプレス」など、それぞれの時代に誕生したが、すべてが〝どこかの目的地へ向かう〟という列車だった。これに対して、鉄道×クルージングの一番の特徴は、列車は出発点に帰ってくることだ。まさにクルージング。列車そのものを贅沢に楽しむ時間である。

これらの列車の乗客こそ、〝大人世代〟が中心。だから、乗った、あるいは乗る予定にしているという読者の方もおられよう。その乗り心地たるやいかに？　この点については、ここで書き記すことは止めたい。これは実際に〝大人世代〟の私たちが乗って楽しんで、新しい「○○鉄」の○○を創っていこう。

鉄道×音楽　～鉄道ファンの音楽家たち

鉄道とのコラボレーションアートと言うと、まず音楽が思い浮かぶ。〝音鉄〟は実際の鉄道の走行音などを録音することを指すが、ここでは音楽の音。つまり〝ミュージック鉄〟。まずは、プロの音楽家の中から〝鉄道好き〟を挙げて、彼らの作品を楽しんでみたい。

1893年に作曲された交響曲『新世界より』で知られる音楽家、ドヴォルザーク。彼は毎日のようにニューヨークのグランド・セントラル駅に通い、通りかかった列車の車号をメモしていたと言うから、その活動ぶりは私たちと変わらない。そんなエピソードも忘れずにおけば、あの壮大なメロディも、どこか身近な作品と思えてくる。クラシック音楽の世界にも、ちゃんと同好の士がいたのである。

自身が鉄道好きであることを公言し、自宅には鉄道模型の大レイアウトがあるのがイギリスのロック歌手、ロッド・スチュワート。自身の作品が鉄道模型の雑誌に採り上げられることもあり、その熱の入り方は、本業顔負けといったところだ。もちろん、彼の音楽作品に鉄道を採り上げたものがあり、ロックの世界にも同好の士がいることは、嬉しい限りだ。

国内に目を転じてみれば、今もなおバリバリの現役なのが向谷実さんだ。元・カシオペ

向谷実さんは、鉄道運転シミュレータの開発や、駅の発車メロディのプロデュースなど、鉄道界でもマルチに活躍中だ（写真提供：音楽館）。

アのキーボードプレイヤーとして世界にも進出。鉄道運転シミュレータのソフト開発で脚光を浴びているのも周知の通りだ。小さい頃は毎日のように二子橋を渡る東急の電車を眺め、音楽活動を開始した後もコンサートツアー中に一人メンバーから離れ、留萌までD61形蒸気機関車を見に行ったという経験もある向谷さんだけに、鉄道への思いは人一倍。近年は駅の発車メロディの開発を手掛けるなど、活動の範囲はさらに広がっている。鉄道ファンにとっても、これからも目が離せないアーティストと言えよう。

リコーダー、フルートなどの楽器を手に、ライブを中心にコツコツと音楽活動を続けているのが安井マリさん。終焉迫る特急「あけぼの」の乗車記を鉄道趣味誌に発表した経験を持つなど、その乗り鉄ぶりは本物。ライブでは、鉄道をテーマにしたオリジナル曲が演奏されることもある。

そして、音楽、映画の世界などで多彩な活躍を続けてきた加山雄三さん。若き日には、自宅から近い茅ケ崎駅の側線に、自作の貨車の色と実物の色を比較しに行ったという模型コレクションは、静岡県西伊豆町の「加山雄三ミュージアム」で目にすることができる。

一方、こういった鉄道好きのアーティストとは別に、お好みのアーティストにまつわる地を鉄道の旅にしてしまう策もある。彼らの足跡を辿る旅である。

誰でも好きな音楽の一つや二つはあるもので、そのアーティストの生涯を追っているうちに、様々なエピソードに出会える。生誕の地、曲作りに励んだ場所、来日した時に立ち寄った喫茶店というものでも良い。そこを訪ねる旅である。記録が確かなものであれば、必ずその場所に、何らかの記録が残されていることだろう。それをフォローすることは、それぞれの音楽作りについても学ぶことができるということになる。偉大なアーティストであれば、記念館が建てられていることもあるはずだ。このような場所に出かけてアーティストの気持ちになってその場に立つと、アーティストの深層心理に迫れる気がしてくる。ここに、旅の成熟した喜びがある。

元ビートルズのジョン・レノンが拠点にしていた万平ホテルから旧軽井沢に向かう道すがらの一景。一般の人が見ると普通の道だが、ファンにとっては“きっとジョンが歩いた心躍る道”。お好みのアーティストを思いながら静かに散策するのは至福である。2016年10月28日。

1971年夏の軽井沢駅。横川駅から急こう配の碓氷峠を登りきった先にあり、高原の空気に満ちていた。

ちなみに、一例を挙げると長野県の軽井沢。ここは元ビートルズのジョン・レノンが１９７７（昭和52）年〜１９７９（昭和54）年、万平ホテルを拠点に毎年夏を過ごしたことで知られる。当時は新幹線ではなく信越本線の碓氷峠越えの時代で、ジョンが乗った列車の旅はできないが、軽井沢には今も旧軽井沢などゆかりの地がたくさん残っている。音楽的には活動を休止していた時期であるために、その前後の曲を聞きながら軽井沢へ旅をすると、深層心理に迫れる思いがするのも、ファンにとっては魅力だ。

ぜひあなたの好みのアーティストをテーマに、鉄道旅に仕立ててみよう。

鉄道×俳句・詩　〜短い言葉のウラを旅先で

日本古来の文芸の一つに、短歌、俳句がある。限られた文字数の中に自らの心象風景を謳うこの芸術表現は、まず短歌が中世以降に発展した。近世以降には、17文字という極端にまで短い中に季節感までを織り込んでみせる俳句が発達し、松尾芭蕉、小林一茶、与謝蕪村といった俳人が登場し一時代を築く。さらに近世以降にも正岡子規、種田山頭火、高浜虚子、尾崎放哉といった俳人が活躍。様々な表現形式が探求され、その潮流は現代に続いている。〝大人世代〟の中には、今も俳句を楽しんでおられる方も多いことだろう。

それでは俳句と鉄道をともに楽しむには、どのような術があるのだろうか。

まずは、前節同様、俳人ゆかりの地を訪ねる旅が思い浮かぶ。誰もが真っ先に思い浮かべるのは、松尾芭蕉の『おくのほそ道』を辿る旅だろう。芭蕉が隅田川近くの芭蕉庵を引き払い、門人の曾良を伴って旅に出たのが、1689（元禄2）年のこと。日光、山寺、平泉、酒田、象潟、加賀を経て大垣に至る全長およそ2400キロの旅は、芭蕉の50年の生涯の中でも、随一の輝きを放つエポックとなった。

このルートを現在の鉄道を使って訪ねる旅は、すでにガイドブックも出版されるほどポピュラーだ。これを〝大人世代〟流に楽しむなら、やはりお好みの句の舞台へ行き、その前後の旧街道を歩くなどして、芭蕉になりきるのがいいだろう。もちろん、往復は鉄道で、車窓に芭蕉の歩く姿を追いながら、旅程のスケールを感じよう。そして、ぜひ季節も句と合わせて追体験する。「岩にしみ入蝉の声」「五月雨をあつめて早し」「佐渡によこたふ天河」の言葉の裏には、どんな情景を見つけることができるだろうか。

　近代であれば正岡子規。司馬遼太郎の小説『坂の上の雲』でも主役の一人を務めた子規にゆかりの施設は、子規の故郷であった松山に多く残されており、松山市も俳句を活かしての町作りが進められている。伊予鉄道の松山市駅から徒歩5分の場所にある「子規堂」には子規生誕の家が保存されており、その隣には伊予鉄道が明治時代に運転した小型客車が「坊っちゃん列車」の名で残されているから、子規の追体験にはもってこいだ。

伊予鉄道の軽便時代の車両をイメージして作られた「坊っちゃん列車」。今や観光のシンボルだ。

　童謡詩人として多くのファンを獲得した（それは本人の死後のことであったが）金子みすゞの生誕の地である山口県の仙崎でも、みすゞの作品をモチーフにしての町作りが行われている。町の至る所に歌碑が飾られ、生家は博物館として利

用され、みすゞが創作に励んだという机も残されている。それは窓から表通りを見下ろすことができる小さなものだ。仙崎の澄んだ海に、鳥や魚や鯨までをも愛おしむみすゞの心に通じるものがあることを、きっと体験できるはずだ。

　こうした旅は、鉄道ならではだ。なぜなら、ゆかりの地までの変わりゆく風土が分かるからである。それは、作者もきっと体験したに違いない距離感でもある。ぜひ、道中の車窓も、一緒に楽しみたい。そして、何より旅先で、作句しよう。〃詠み鉄〃の旅は長いのである。

鉄道×小説　～物語の舞台に立つ喜び

　小説に登場する鉄道は、日本文学だけを対象範囲としても実に数多い。この楽しみは、前節に対して

〝読み鉄〟と呼ぼう。

分かりやすいのは夏目漱石の『坊っちゃん』。創業から間もない時代の伊予鉄道を「マッチ箱のような汽車だ。ごろごろと五分ばかり動いたと思ったら、もう降りなければならない」と書いている。この言葉通りの列車が２００１（平成13）年から同社の市内線で運行されていて【１４１頁参照】、明治の蒸気機関車を模したディーゼル機関車が列車を牽引し、その愛らしい姿は古き良き時代を彷彿とさせる。牽かれる2両の客車は木の座席を備える。昔ながらの硬い乗り心地は、まさに漱石が記した一節そのものだ。

作品冒頭の鮮やかな描写が誰にも知られている川端康成の『雪国』。ここに登場する「国境の長いトンネル」とは上越線下り線の清水トンネルで、列車が停まる「信号場」とは、現在の土樽駅とされている。実際に冬の上越線に乗ってみれば、国境を越えると、鮮やかに風景が変わることを実感できて、これも小説の追体験にぴったりだ。こうした旅は、小説が描いた世界の中に身を置くことができるという嬉しさがある。

一方で、作品全体が鉄道そのものというのが吉村昭の『闇を裂く道』。この作品には、13年という工期を要して開通した東海道本線丹那トンネルの建設の苦闘が描かれている。トンネルの掘削が開始されるまでは豊かな水が湛えられていたという丹那盆地（トンネル

『点と線』では殺人現場と設定された福岡県の香椎海岸。情死だ、と思いきや実は……などとプロットの背景を現地で思う楽しみは、小説家が構想を練る作業と似ている。2018年7月17日。

工事は大量の湧水に悩まされ続け、トンネルの開通後は丹那盆地が渇水に悩まされたともいう）の姿を確認することができる。丹那トンネルが開通したことによって、東海道本線は御殿場経由から現行の熱海経由に改められたが、御殿場線に乗り、丹那盆地を訪ねる旅で、この小説の舞台裏も追体験できるだろう。

鉄道は推理小説の舞台としても常連。鉄道のトリックを描いた先駆者は松本清張だろう（清張以前にも鉄道が登場するミステリー小説は存在するが）。清張は意図的に、日本全国を小説の舞台に選び、この時代の「旅行ブーム」とシンクロさせて、絶大な評価を得た。作品の導入部に用いられた、東京駅横須賀線ホームから東海道本線下りホームへの見通しは、その後のダイヤ改正によってすぐに不可能になり、横須賀線も地下に潜ってしまったが、今も東京駅で隣のホームを見通せただけで『点と線』を連想する人はいるだろう。若い時代を小倉で過ごした清張は、北九州の地理に明るく、編集者との打ち合わせで、「北九州のことなら書ける」と話したという。

そのことから殺人現場が、福岡県の香椎となった。今日の香椎は、海岸線に高層マンションが並び、その中で事件を起こすことなど到底不可能と思われるが、JRと西日本鉄道の線路が並行し、二つの香椎駅があることなどは、昔と何も変わっていない。そのことを目の当たりにするだけでも、作品が執筆された時代と現代の違いを感じ取ることができ、そして改めて、作品を読み直したくなるのではないだろうか。

ちなみに、海外の作品でも鉄道が登場する作品は多いが、なんといっても代表格はアガサ・クリスティだろう。『ブルートレイン殺人事件』『パディントン発4時50分』『オリエント急行殺人事件』など、たびたび鉄道が登場してくる。〝灰色の脳細胞〟を駆使する名探偵ポワロや、好奇心旺盛なおばぁちゃんのミス・マープルといった主人公探偵のキャラクターの面白さとともに、密室（ヨーロッパの客車は〝部屋単位〟が基本だった）、車窓、運行の定時性といった鉄道の特性がトリックと関わっていることが、作品をより面白くしている。鉄道が舞台の推理小説の醍醐味だろう。

ということで、〝読み鉄〟の次なる楽しみは、こうした作品を読み込み、『時刻表』をもとに自分で〝鉄道トリック〟を作ってみること。これぞというトリックが見つかったら、実地調査の旅に出てもいい。ただし、これはあくまでも旅だけの調査でお願いしたい。

鉄道×映画　～貴重な走行記録でもある鉄道シーン

小説とともに、私たちを大いに楽しませてくれるのが映画。鉄道員のたゆまない努力によって定時運行が確保され、人口の過疎地帯にあっても、地域住民の足となっている鉄道は、映像としては格好の素材だ。また、鉄道趣味としては貴重な映像記録になっている価値も見逃せない。作品に登場する場所を訪れて、今は無き列車に思いを馳せたり、今とのロケーションの違いを見つけるのは楽しい。

日本映画の黄金時代は昭和30～40年代と言われるが、全国各地の景勝地がロケに選ばれたことから、映画＝旅のイメージを持つ人もおられるのではないだろうか。実は今でも有名な観光地がなぜ知られるようになったかを遡ると、映画が大きく影響しているというスポットも多く存在する。〝大人世代〟の原点とも言える時代だけに、〝シネマ鉄〟として、ぜひ楽しみたいジャンルである。

筆頭は、全48作がリリースされた『男はつらいよ』シリーズだろうか。第1作が劇場公開されたのは１９６９（昭和44）年8月のことで、このシリーズには随所に鉄道が登場し、作品に情感を加える名脇役となっている。作品ごとに舞台となった場所の研究がなされた書籍も発行されているから、これを手に現地を訪ねるのも良いだろう。

　また、映画史の観点から見ると、実は歴史的な作品に貴重な鉄道が登場する。戦後日本初の国産カラー作品『カルメン故郷に帰る』（1951〈昭和26〉年）は、その舞台が浅間山麓で、今は無き草軽電鉄が登場する。高峰秀子演じるダンサーが小さな高原列車で故郷を往復するシーンは、今となっては貴重な走行シーンを収めた記録映像でもある。

　こうした印象的、歴史的な鉄道シーンを幾つか挙げてみよう。黒澤明の『天国と地獄』。1963（昭和38）年3月に公開で、東海道本線の花形特急であった151系「こだま」が登場。誘拐犯に渡す身代金を携えた三船敏郎が列車に乗り込む。すべての窓が固定式となった151系であったが、厚さ7センチまでのカバンであれば、走行中の列車から外に投げ出すことが可能であることや、全編モノクロの映画ながら、一瞬だけ画面に色が付けられるシーンがあることは、封切直後から大きな話題となった。

寅さんの本拠地は葛飾・柴又。柴又駅を下車すると、さっそく映画の世界に入る心地がする。

　『天国と地獄』と同じ1963（昭和38）年に公開された『ある機関助士』は、鉄道とそこで働く人を主役に据えた作品だ。舞台は常磐線。水戸駅を3分遅れで出発した上り急行「みちのく」を、取手駅通過時までに定時に戻そうと奮闘する機関士、機関助士が映画の主役を務める。この作品中には至る所に、駅や列車の姿が登場。特に上野駅に到着した「みちのく」が、推進運転でホームを去ってゆくラストシーンは印象的だ。

旅と重ねて味わいたい作品もある。『レイルウェイズ』シリーズ。人生の転機に面したことから鉄道で働くことを決意する主人公たちの真摯な姿は、鉄道というシステムの中にあるからこそ、印象深い姿となっている。それぞれの舞台になった路線も健在だから、作品の記憶を頼りに現地に赴き、ロケの現場を探してみたいが、先に現地を旅してから映画を見るという楽しみ方もいいだろう。

この他にも、1960（昭和35）年に公開された三國連太郎主演の『大いなる旅路』や、1999（平成11）年6月公開の『鉄道員（ぽっぽや）』も、私たちの記憶に残る作品だ。

鉄道×将棋　~名勝負の舞台を旅する

〝大人世代〟に根強い人気があるのが将棋である。特にパソコンソフトの発達で将棋の指し方が新たな展開を見せており、若い棋士の台頭も人気を後押ししている。〝大人世代〟

になって初めてチャレンジした人もいるのではないだろうか。

実は勝負の舞台を旅する将棋ファンが、少なからずいる。ここでは〝棋士鉄〟と呼ぼう。アマチュア棋士にとっての憧れの地は、まずは東京・千駄ヶ谷の将棋会館。そして、名人戦などの公式戦が行われる開催地だ。このうち、開催地は色々な地方の名旅館やホテルで行われている。これが将棋ファンにとって一度は泊まってみたい宿であり、中には「○○戦が行われた会場」だった部屋に泊まりたいというファンもいる。宿側も、〝対戦会場としての部屋〟を謳っているケースもある。

こういう宿への旅は、ぜひ対局の観戦記や、棋士自身による回想録など携えた旅がお勧め。列車の車内でそれを読みながら名勝負の宿へ向かい、気分を高めていきたい。ソラ豆の収穫を対局室の窓から眺め、棋士がそのソラ豆を食事に出して貰うように頼む。この時の当事者、米長邦雄永世棋聖の「春の味覚であるソラ豆を摘むのも、どの駒を動かすのかも、指の運」という回顧には、神秘性すら感じられ、将棋の奥深さが思われる。そして宿では、じっくりと詰め将棋の問題集でも解いてみれば、気分は棋士。あるいは、その宿で行われた対戦の棋譜を読むのもいい。名勝負を創った空気感を体感できるだろう。

一方、将棋の駒や盤を訪ねる楽しみ方もある。旅先は駒の名産地・山形県の天童。市内

山形県天童市は将棋駒の産地。書き駒体験ができる。写真提供：山形県

には将棋資料館など、将棋に関連する施設が幾つもあり、駒の形を模したオブジェや時計台などが並ぶ町の景観も、旅の大きな楽しみとなる。

ちなみに、相手がいる旅ならば、往復の列車内を対局の場としてしまうのは、〝棋士鉄〟の本望といったところだろう。

鉄道×スポーツ　~選手や試合を追っかける

スポーツと鉄道のコラボレーション、〝スポ鉄〟。まず思い浮かぶのは、鉄道会社が親会社の球団の応援。ただ、これは好みもあるので、ここでは採り上げない。一般的に多くの人が楽しめるのが、贔屓とするプロ野球やJリーグ球団の地方への遠征に付き合う旅だろう。この旅には、試合そのものを楽しむばかりでなく、試合などの日程と鉄道の行程を摺り合わせながら観戦スケジュールを立てる楽しみがある。試合会場に近い町のホテルなどに泊まり、地元の観戦者の一員と化すひとときは、観光地以上に旅に出た実感が湧くという人もいる。それは、地方都市の雰囲気や地方球場の、本拠地球場とは異なる、どこかのどかな雰囲気、違う方言の声援やヤジ、そして何より地元の人が日常的に食べている食材が味わえるのが良い。

私自身、プロ野球のオープン戦を見るために静岡市の草薙球場に出向いたことがあり、バスなどとは桁違いの輸送力を備える鉄道とはいえ、2両編成の電車で、運動公園前から新静岡まで、いかにプロ野球の観客を運ぶのは大変なこと（それは鉄道事業者にとっても、利用客にとっても）であることを思い知らされた。あの時より混んだ電車には乗った記憶が無いのである。

こうした楽しみ方は、他の競技でも楽しむことができるだろう。私の友人にはアイスホッケーのファンがいて、彼はよく栃木県の日光に遠征に出かけている。日光ならば、一往復でJR日光線と東武鉄道の特急の両方に乗る楽しみが付加できそうだ。

さらには、競馬、競輪、競艇にも、スポーツ観戦と同じ楽しみを見つけることができる。ギャンブルと侮ることなかれ。どのスポーツにも、それぞれに奥深さ、物語がついて回っているし、こういったところは地元の人が普通に食べている食べ物がたくさんあり、観光地にはない楽しみもある。

JR名古屋駅で有名なきしめんも、中京競馬場へ行くと風味と食感が変わる。競馬場は地元の人が普通に食べている名物グルメが楽しい。

実は宮島の絶景が前面に広がる宮島競艇場。こうして地元の人に交じって過ごすのも、旅の面白さ。

私自身、宮島の競艇場に出かけたことがあった。広島電鉄の撮影をしていて、競艇場から聞こえてくるエンジン（モーター）の音が、ひどく気になったのである。広島電鉄に撮影に出かけ、同じような思いをした人は、少なくないのではないだろうか。スタンドで何レースかを眺め、自分自身が投票をしようとまでは思わなかったが、宮島が一番近くに迫る絶景が印象的で、楽しいひとときだった。

Ｆ１グランプリを見に鈴鹿サーキットに出かけたこともある。私が出かけたのは３日間で10万人を超える観客が集まっていた時代だったから、鉄道とのコラボレーションを楽しむどころではなく、現地に向かうのに、伊勢鉄道を利用するのか、近鉄特急に乗って白子駅に行くのか、近鉄鈴鹿線を利用するのかは、少しでも快適な観戦をするための重要な選択肢となる。それぞれの選択肢には、当然のこととして一長一短があり、これをどう研究するかは、鉄道好きにとって腕の見せ所となるが、「机上の計算」よりも現地での経験が物を言うのは、世の中の多くの研究と変わりない。それでもサーキットの行き帰りに見た、地方の第三セクター鉄道の姿にも、大手私鉄の一支線の姿にも、鉄道好きとしては、それぞれに〝主役〟としての味わいが感じられたことも事実で、「このようなことでもなければ乗ることはない」というありがちな感想の「このようなこと」がいかに大切かも思い知らされたものである。歌人・寺山修司の名著に『書を捨てよ、町へ出よう』があったが、この問いかけは、現代においても変わることなく生きているようだ。

いずれにしても、楽しみの中心は競技会場とその都市になろうが、少し慣れてくると、競技会場から離れた温泉宿に投宿して、純粋な旅行を兼ねるプランも作ることができるし、それこそ日程を1日延ばし、観光地巡りをしてもいい。事実、そのように遠征観戦を旅行に膨らませて楽しむ人は多い。

鉄道×酒蔵 〜〝蔵鉄〟も立派な呑み仲間

列車に乗ることをひたすらに楽しむ「乗り鉄」をもじって、お酒を飲みながら列車に乗る「呑み鉄」という言葉が生まれたのはいつ頃のことだったか。だいたいにおいてノミスケはお酒さえ用意すれば楽しめるのだから、考えようによっては、これほど簡単なものはないかもしれない。

しかし、私は下戸である。悔しいけどこの楽しみができない。でも、車と違い、お酒と鉄道は相性がいいのだから、これに触れないわけにはいかない。そこで、私ならどうするか。酒蔵が思い浮かぶ。つまり、〝蔵鉄〟である。鉄道×お酒のルーツのコラボレーションだ。今の世の中、車に乗らないとどこにも出かけられないような風潮があるけれど、目的地で心おきなくお酒を楽しむには、鉄道がうってつけだ。全国の名店、銘居酒屋を訪ねるのではなく、鉄道に乗って訪ねる酒蔵が目的地。昔と違い、今は全国にある造り酒屋の多くが自らの蔵を一般公開しているから、これを訪ねるのである。もちろん、酒蔵といっても、日本酒以外も対象とする。ビール、ワイン、焼酎もありだ。

蔵鉄のいいところは、首都圏や関西圏はもちろん、全国に酒蔵があることだ。すなわち、日帰りでも1泊でも楽しめる。鉄道に乗って酒蔵へ行き、蔵内を見学する。もちろん、その後に利き酒ができるスポットがあちこちにあるから、ノミスケはそれを楽しめばよい。例えば首都圏であれば青梅線に乗って、沢井駅で降りよう。駅のすぐ近くに「澤乃井」を造っている小澤酒造があり、週に1回の定休日と年末年始を除いて、参加無料の見学会が実施されている。蔵に隣接して軽食を楽しめる施設も造られ、多摩川の流れのほとりに下りてゆくこともできるから、家族連れでもゆっくり一日を過ごすことができる。なにしろ水が美味しいのだから、ここで出されるコーヒーもまた絶品である。これなら、下戸も行く価値ありだ。

宿泊しながら行きたいのは、中央本線沿線に多数あるワイナリーだ。勝沼ぶどう郷駅のすぐ近くには、中央本線旧線の大日影トンネル跡があり、トンネル内が遊歩道となっている。そして、トンネルを抜けたすぐ先にもワイナリーがあって、地産のワインを楽しめる。ワイナリー直営のレストランでのランチも良いだろう。これも家族全員で楽しむことができる。泊まりは沿線に石和温泉や上諏訪温泉がある。いずれも駅近の本格的な温泉地だ。このような楽しみ方を全国に広げていくと、〝鉄分〟をさらに濃くした、〝蔵鉄〟の本領たる旅となる。

北陸本線の今庄駅の近くには、三つの造り酒屋がある。それぞれの蔵の酒にはそれぞれの味わいがあって、まさにハシゴ酒、ハシゴ酒蔵の旅を楽しめるのはノミスケの特権である。そして鉄道が好きな人であるならば、今庄という地名を聞いただけで、様々なことを思い出せるはずだ。ここは〝杉津越え〟とも呼ばれた難所として知られ、列車が蒸気機関車によって運行されていた時代には、腕の良い機関士ばかりが集められた場所だった。数々の伝説を残した山越えの線路は、北陸トンネルの開通によって用途廃止となってしまったが、旧線の跡や、旧・山中信号場の跡は今も道路として残り、時には廃線跡巡りのツアーも実施されている。

古い宿場町の面影を残す今庄。お酒の楽しみも鉄道の楽しみも濃い。駅を起点に巡れるのもいい。

この地には、大根おろしを添えていただく「越前おろしそば」という名物もある。福井県は蕎麦の産地として知られるが、特に在来種の蕎麦が多く栽培されているのが特徴だ。蔵元と廃線跡を巡り、雑駁で風味が濃い蕎麦を味わうことができれば、これ以上望むことがあるだろうか。一つ気をつけておきたいのは、どのタイミングで酒蔵を訪れるか、である。最初に利き酒をしてしまうと、せっかくの廃線跡巡りツアーがキャンセルされてしま

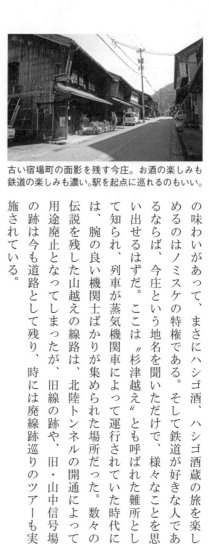

うこともあるかもしれない。行動は計画的に、を心がけよう。

もう一つ訪れるべき酒蔵、関西の灘の酒を挙げないわけにはいかないだろう。灘五郷は日本を代表する酒どころとして知られており、〃宮水〃と呼ばれる上質な水が得られたことから、この地に酒造りが発展した。酒蔵巡り、資料館巡りのツアーは通年で実施され、秋には酒蔵巡りのスタンプラリーも実施されているから、この季節の探訪も良いかもしれない。14カ所に設置されているスタンプを集めると抽選で神戸市内のホテルの宿泊券などがプレゼントされるから、もう1回、関西在住者でなくとも灘に行くことができる。神戸市内には、酒蔵のアンテナショップも多く、ここ数年の日本酒の急速な人気ぶりは、誰もが知るところだ。さらに、この地域はJR神戸線、阪神電気鉄道、阪急電鉄神戸線と、個性あふれる3線が並行しており、全国的にも珍しい。3線の乗り比べと酒蔵巡りを組み合わせれば、時間がいくらあっても足りなくなる。

広島県の東広島市も西日本屈指の酒どころとして名を馳せている。市内には11軒の蔵元があり、そのうちの8軒が西条駅の近くに軒を構えているので、やはり〃蔵鉄〃向きである。見学コースや資料館を設けている蔵元もあるから、事前に調査をして行程を組もう。広島駅を中心に山陽新幹線を利用すれば、現地の往復にはさして時間を要しない。

酒どころは、どこも上質の水が得られることが多いから、酒蔵巡りをしていると、酒ばかりでなく、水の研究にもなる。そしてもう一つ、醸造技術がどこから伝わったかを調べると、新たな展開が考えられて〝大人世代〟の蔵鉄ならではの発展となりそうだ。こうなると、酔うことが無い下戸の方が、〝蔵鉄〟の分析は冷静なだけ有利である（と負け惜しみを言っておこう）。

鉄道×ハイキング　～健康と新発見の〝ハイク鉄〟

ハイキング、山歩きが好きな鉄道ファンは、実は案外多いのではないだろうか。自然を楽しむことと、交通機関の研究。それだけの切り口で語るなら、この二つの趣味はまったくかけ離れたものであるけれど、誰かとの頻繁な交流、意見交換などをせずとも、自分だけのペースでそこに楽しみを見出すという点では、この二つには共通点がある。〝ハイク鉄〟である。ちなみに、〝詠み鉄〟とは違う。

かく言う私もハイク鉄の一人で、自分が、山歩きが好きであることを意識するようになったのは高校生の時代であったから、鉄道趣味のスタートと比較すればずいぶんと遅いのだが、それからは、山を歩くことが自分の趣味であることは忘れないでいる。山を歩くことは、頂上からの眺めに出会えることが最大の喜びになることは間違いないけれど、そこに至る時間の中での自然との出会い、つまり風の音や、せせらぎに耳を傾けてみたり、木々の芽吹きや、小動物との出会いが、かけがえのないものとなっている。

山を歩くことの効用には様々なものがあって、体力の増進（個人的には近年になってだいぶ怪しくなってきてはいるが）にも役立っているのだろうが、何よりも町の中であれ、歩くことを厭わなくなったことが、最大の財産となるのではないかと思う。廃線跡を取材すると10キロという距離を歩くこともあるが、山歩きで10キロという距離はものの数に入らない。バスを降りて、登山口まで10キロの林道歩きをすることはざらである。例えば上高地から梓川に沿った道を10キロ歩くと、到着するのは横尾という分岐点だ。ここで穂高岳へ行く道と、槍ヶ岳へ行く道が分かれているのだが、どちらへ行くにしてもまだ道の半ばにも達してはおらず、そこからもしばらくの間、沢沿いの道を歩かなければならない。それが当たり前なのである。

実は、そうして歩くことの距離感を備えていることも、鉄道の廃線跡探訪や、駅間での写真撮影に際しては、大いに役立っている。歩くことに対して抵抗感がないから、旅の自由度が大きくなる。かつて、日光の神橋の近くにある旅館を取材したことがあった。宿のご主人は「最近のお客様は、すぐに車を出してほしいと言う。日光駅からここまで、のんびり歩いてくれれば、色々なものを見ることができるのに」と苦笑していた。

いささか前置きが長くなったけれど、こういった山歩き、ハイキングと鉄道のコラボも楽しい趣味となることだろう。実際に両方を同時に楽しむことは難しいかもしれず、私自身も取材で訪れた黒部峡谷鉄道や、大井川鐵道井川線の車内では、撮影機材一式をどこかに預けて、山道を登りだしたい誘惑に駆られたこともあった。だが次に仕事抜きで再訪する機会があるとすれば、その時にはどのような行程を組もうかと空想するのは楽しく、そのような時にこそ、何かと観察が細かくなるものである。つまり、何らかの形で仕事にも寄与していることになる。

もうひとつ、〝ハイク鉄〟の効用は、登山道、ハイキングコース、スキーのゲレンデなどから時折、線路を見ることができることだ。列車を見ることができるゲレンデは上越線沿線に多く、石打丸山スキー場は、ゲレンデとリフトが線路をオーバークロスし、上越国際スキー場はゲレンデトップから上越線を一望する大俯瞰が楽しめた。越後中里スキー場には旧型客車の休憩所があり、ガーラ湯沢スキー場は、改札口のすぐ脇がスキー場のエントランスとなっている。私自身はスキーを始めたのが遅く、ゲレンデに通うようになった時にはすでに上越新幹線が開業していて、一面の雪の中を走る181系特急「とき」の姿を、ゲレンデから見ることができなかったのは、返す返すも残念だった。

さらに、思わぬ線路を発見することもある。印象的だったのは、奥羽本線の峠駅の近くから、吾妻連峰に登った際に、登山道の近くに線路が残っていたのを見つけた時で、鉱石の積み出しに使われたのだろうことは想像がついたが、詳細は分からない。次に峠駅を訪れた時に、「力餅」を売っている駅前の茶店のご主人に話を伺い、それが昭和中期に使われていたものであることを聞いて、胸のつかえが下りた思いをしたものだった。

登山中にレールを発見した時の興奮は、言葉にできない。森林鉄道はその全貌が分からないケースもあり、"ハイク鉄"の意義深いところかもしれない。

登山道に軌道跡が残っているこうした例は、山梨県の西沢渓谷や、長野県の小海線松原湖駅近くから八ヶ岳連峰のみどり池に登る道に残っていたものが有名だ。みどり池のかたわらに建つしらびそ小屋を訪れる時

上越新幹線や上越線、両毛線の車窓からよく見える高いビルが群馬県庁だと知り、実際に行ってみると、32階が展望ホールだった。東側は浅間山や榛名山を背景にした絶景だった。

に、線路跡の残る登山道を歩くのが私にとっても楽しみとなっていたのだが、残念なことにこの道は2018（平成30）年夏の豪雨で失われてしまったという。

全国で建設された森林鉄道は、そのほとんどすべてが地方の公的機関の管轄で、概要を記したまとまった資料は無く、今日でも思わぬ所から線路跡が見つかることがある。つまり、まだこれから新発見に遭遇する可能性もあるだろう。もし、登山道で線路跡を見つけたら、必ず写真を撮るか、スケッチ、メモを残しておこう。いつの日にか、必ずそれが役に立つと思う。

そして登山を開始する前に、駅で数枚の写真を撮っておくのも楽しい。私自身、登山道に入る前や、バスへの乗り換え時間を利用して撮影した箱根登山鉄道塔ノ沢駅、アルピコ交通上高地線新島々駅でのカットなどが、後から意外にも貴重なカットとなったことがある。下山後の温泉探訪も併せて楽しむのも良い方法となるだろう。2015（平成27）年10月にオープンした京王電鉄高尾山口駅の「極楽湯」の外観を撮っておけば、登山という趣味から見ても、鉄道という趣味から見ても、貴重な記録となるかもしれない。

ちなみに、登山はハードルが高いという人にはトレッキングや散策に応用しよう。低山ハイクでもいいし、山に限らなくてもいい。自分で眺望地（と思われるところでも可）を地図で探し、駅を起点に歩いてみる。行く前に想像していた風景と、どんな違いがあるだろうか。想像とは違って何も見えないこともあるが、その道中で鉄道が見えたりして、意外な撮影地を発見することもあるだろう。あるいは、逆に、車窓からよく見えるスポットを洗い出し、最寄駅から散策しながらそこを目指すという方法もある。これなら、必ず鉄道が見える（車窓から見えるのだから）。建物の場合、入れないこともあるが、中には眺望ができるものもあるから、要は結果よりそのプロセスを楽しむこと。つまり、登山と同じである。

鉄道×史跡　〜これもアカデミックな〝跡鉄〟

廃線跡巡りと、これから派生した感もある鉄道の遺構巡りは、今日ではすっかり研究の対象として市民権を得た感がある。遠い昔には、鉄道の研究とは限られた好事家の遊びとさえ捉えられていたことを思えば、今日の環境には、まさに隔世の感がある。

こうして遺構巡りの楽しさが広まった今、〝大人世代〟はここからさらに一歩、研究の対象を広げてみよう。鉄道関連のものに限らず、今は用途を終えて姿を変えつつある遺構を、今のうちに記録、記憶に留めておこう。〝跡鉄〟である。

1964（昭和39）年に開催された東京オリンピックは、東京の風景が大きく変わった契機だった。道路の渋滞の元凶とされていた都電の線路がオリンピックの開催を機に、勢いを持って外されていったというのは私たちがしばしば耳目にするところだ。しかし、姿を消したのは線路だけではない。昭和中期までの街並みを写した写真を見れば、当時の東京がいかにも雑然とした姿の都市であったことを理解できるだろう。その中の多くの建物は、今日で言うところの町工場であって、規模は小さいものばかりではあったものの、一大工業地帯が形成されていたのが、オリンピック開催前の東京だったはずだ。

東京に限らない。大阪であれ、横浜であれ、名古屋であれ、その他の街もしかり、高度経済成長を背景として、昭和中期以降に日本の街並みは劇的に変貌した。一度失われた風景は、二度と元に戻ることはないことを体験として知っているのも〃大人世代〃である。あらゆるものを今のうちに記録して、後世に伝えておきたい。

鉄道と関連が深かった巨大な遺構としてまず思い浮かぶのは、工場だろうか。巨大な煙突から勢いよく吐き出される煙は、ある時代までは躍進の象徴と捉えられていた。公害が社会問題となった時代を経て、都市部に建設されていた工場は、郊外への移転という形を取って閉鎖されるか、環境との融合を図って姿を変えるようになった。昔の写真を見ると、多くの人が住む町の真ん中に巨大な建物が存在していたことが分かる。この跡地を訪ね、今日の姿を記録しておこう。多くの工場は閉鎖されると土地が売却されて、大規模ショッピングセンターや、高層マンション、インテリジェントビルに姿を変えていることが多いが、昔日の地図と比較してみると、そこには少なからず発見があるはずだ。工場が健在だった時代に存在していた貨物用の引込み線の跡はどうなっているのか？　何かモニュメントのようなものは残されているのか？　など、調査の対象は無限にある。さらには、なぜそこに工場が建てられたのかまで追求するならば、これは立派な産業経済史の研究となる。

広大な跡地が残されているものには、飛行場の跡というものがある。これは数が少ないように感じられるかもしれないが、滑走路1本のみの、短い期間のみ使用された軍用のものまで含めれば、実は相当の数があった。例えば、横浜・伊勢佐木町の近くにも終戦直後には米軍の飛行場が設けられていた。今は建ち並ぶマンションの隙間に延びる細い道となっている場所が、かつては滑走路であったことは、古い時代の地図を用意して、精密な調査を続ければ解明できる。さらに終戦直後の横浜・福富町界隈には、空襲で焼け野原となった一帯に、ずらりと米軍用のカマボコ兵舎が並んでいた。これは地元で活躍する報道写真家の手による記録写真が残されており、今日では横浜を代表する歓楽街となった一角が、終戦直後には軍事色の強い街であったことを理解できる。このほか、鹿児島など、市内にあった空港が郊外に移転したケースなどでは、滑走路を含めて空港の設備や敷地などが街の施設に転用されている。ここまで研究が進むと、空港跡の調査といっても実に幅が広いことを実感できるだろう。

興味深い研究の対象は、まだ他にもたくさんある。発電所跡、変電所跡、漁場跡、廃寺、廃道など、数えていったら本当にきりがない。スポーツ施設の跡というものもある。荒川区南千住にあった東京スタジアムは、1972（昭和47）年のシーズンまで「オリオンズ」の本拠地となっていたが、球場としての用途廃止が決定し、「オリオンズ」は本拠地球場を失うことになる。チームはその後複数の球場を本拠地とし、1992（平成4）年から千葉マリンスタジアムを新しい本拠地として活動し、チームの愛称名も「マリーンズ」に改められている。そして東京スタジアムの跡地は「荒川総合スポーツセンター」となっているが、今、現地を訪ねてみると、よくこれだけの狭い場所に球場があったと驚かされる。事実、東京スタジアムはオリオンズの本拠地であった時代から、本塁打の出やすい球場として知られていた（ちなみに球場の第1号本塁打を打ったのは、南海ホークスの野村克也であった）。もしも、東京スタジアムがあと少し多くの用地を得た上で建設されていれば、あるいは今日も健在であったかもしれない。この球場は常磐線南千住駅や都電三ノ輪橋電停などから徒歩5分という抜群の環境にあった。もし今もここでプロ野球が開催されていたら、東京の鉄道地図も、今日のものとは大きく異なっていただろうが、この鉄道の〝もし〟を現地で考えるのが、〝跡鉄〟の楽しいところである。

一方で、鉄道は近代の物であるが、近世以前の跡との楽しみもある。一番、簡単な例では旧街道だろうか。旧街道自体は現在も道路として生きていることが多いから、〝跡〟と捉えるかどうかは意見が分かれるところだが、流通路の変遷という観点から見ると鉄道の前身であるから、ここでは跡としておきたい。

旧東海道の品川宿の今。現在のＪＲ品川駅の南にあるが、最寄駅は京急電鉄の北品川駅。それらの背景を調べていくと、街道と鉄道の関連を見ることができる。この辺りでは、旧東海道→東海道本線→東海道新幹線と、近世から近代へ、流通路の変遷が見える。

さて、その中で、象徴はやはり旧東海道と東海道本線だ。鉄道と旧街道が近接するところは、東京都の品川駅付近や京都市の山科駅付近などがあるが、関ケ原駅付近で車窓に見えるのは東海道ではなく中山道である。旧街道を軸にしてこれを比較しながら調べていくと、中央本線や関西本線・草津線を含んだ東西を結ぶ鉄道史が理解できる。このように、鉄道と旧街道を比較することによって、国土の地勢や鉄道建設のありようが見えてくることが多い。

さらに、視点を変えるのも〝跡鉄〟の楽しみだ。例えば北海道の駅名はアイヌ語が語源になっていることが多いから、その地勢を現地に探るという研究方法。また、古戦場と鉄道の関係は、勢力図や隘路との関連が見えてくるし、城跡と鉄道は、山陽本線の三原駅のように接点となっているケースもある。鉄道＝近代のものと割り切れない奥深さ、日本の歴史の連綿とした繫がりを知ることができるのだ。

ちなみに究極の〝跡鉄〟の旅先は、奈良であろう。平城京跡地を近鉄奈良線が横断しているため、復元された朱雀門の横を電車が走り抜けている。もし平城京がそのまま現代まで町として存在していたなら、ここに鉄道は無かったに違いない。平城京移転から現代まで、1200年余りに及ぶ時空を感じることができるスケールは、奈良ならではだ。

鉄道×アニメーション　～〝アニメ鉄〟は聖地巡礼へ

日本を代表するアートとして忘れてはならないものにアニメーションがある。漫画映画はすでに明治末期には輸入された作品が上映されていたといい、昭和30年代以降は、ディズニー作品を中心とした海外ものと、手塚治虫作品を最高峰と捉えた国内ものが競いあう形で発展を続けてきた。その黎明期には、線画によって紙媒体に発表されたものが、改めて動画用として描き起こされた作品が多かったアニメも、近年は当初から劇場公開を前提として制作されたものも多くなり、変貌、発展が著しい。

〝アニメ鉄〟にとっては、アニメ作品の聖地巡りが大きなテーマとなる。

鉄道をテーマとしたアニメの中で、近年の最大のヒット作は『きかんしゃトーマス』シリーズだろう。シリーズの原作第1話が誕生したのは1942年のことと言われ、イギリス人宣教師ウィルバート・オードリーが、自分の子供に聞かせるために、架空の島・ソドー島を舞台に活躍する、自らの意志を持って動く機関車の物語を創作した。1970年代後半には、イギリスで鉄道模型を使用したアニメーションが制作され、日本では1990（平成2）年に公開されている。以後の同シリーズのヒットぶりは周知の通りで、日本では山梨県の富士急行がこの物語をテーマにしたラッピング電車を運転し、静岡県の大井川鐵道でも自社のC11形をトーマスの姿に仕立て、今やすっかり定番の人気列車に成長した感がある【26頁参照】。

この物語の聖地というと、日本国内であれば、この両路線ということになるだろうか。ことに大井川鐵道ではトーマスだけでなく、トーマスの仲間の機関車、バス、さらにイベントの日にはトップハム・ハット卿を演じる俳優も登場させる熱の入れようで、私たちを楽しませてくれている。イギリスの地下鉄・ベーカーストリート駅には、休日になるとシャーロック・ホームズの扮装をしたガイドが駅前に立ち、世界中から訪れたシャーロキアンに博物館への道案内をしているが（シャーロック・ホームズの下宿があったとされるベーカー街221Bという住所はあくまでも架空のものとして編み出されたが、後からこの住所が作られ、そこに博物館が建てられた）、そんな地域ぐるみのムーブメントが起こることをも予感させるのが、最近の大井川鐵道の奮闘ぶりである。

国産の鉄道アニメとしてまず思い浮かぶのは、松本零士さんの『銀河鉄道９９９』だろう。国鉄の末期に流行した行先不明の企画列車「ミステリートレイン」の一つとして、「銀河鉄道９９９」号が烏山線を走ったことがあった。また、現在も北陸本線敦賀駅前の通りには、松本作品に登場するキャラクターの像が、駅前の通りにずらりと並べられ、ファンを喜ばせている。

「行先不明」というミステリー性が話題を呼んだ「銀河鉄道999」号。当時、行き先を予想し合った人もいるのでは？　1979年7月22日

アニメのキャラクターがデザインされた車両が走る境線。作品の聖地である境港へ行く時に乗ると、気分も盛り上がる。

同様の意匠での町おこしを行っているのが鳥取県の境港市で、この町で育った漫画家・水木しげるにあやかり、駅前から続く通りを「水木しげるロード」とネーミングして、数々の妖怪の像を並べた。境線には水木の代表作である「鬼太

郎」の絵をあしらったラッピング車両が運転され、駅の売店には鬼太郎グッズが並び、境線の各駅にはキャラクターの名前が副駅名として使用されている。水木作品には鉄道を大々的に扱ったものはないものの（ただし、『ゲゲゲの鬼太郎』のシリーズの中には『ゲゲゲの鬼太郎 妖怪特急！ まぼろしの汽車』という作品が制作されている）、鉄道事業者をも巻き込んでの大きな潮流を生み出している。境港と境線もファンにとっては聖地と言えるだろう。

ちなみに詠み鉄でも触れたが、これと同じような意匠で町おこしを行っているのが、大正末期から昭和初期にかけて活躍した童謡詩人・金子みすゞの生まれ故郷である山口県長門市の仙崎だ。金子作品は短い詩が中心であったことから、アニメになったものは、CMなどに使われた短いイメージ的なものしかないが、金子を主人公とした実写によるドラマが制作されている。今も仙崎の町の中心部には金子の作品を書き記した絵馬やポスターがあちこちに貼られ、この町を訪れたファンを喜ばせている。金子の生家も健在で、今は博物館として利用されている。JR西日本が仙崎にファンを運ぶ「みすゞ潮彩」号を運転したこともあり、これも芸術作品が地域ぐるみの運動を起こした好例と言えるだろう。

この他にも鉄道が登場する作品は数多い。アニメーション作家・監督である宮崎駿さんのスタジオジブリ代表作『となりのトトロ』に一瞬だけ登場する電車は西武鉄道を思わせる塗り分けで、所沢市周辺の丘陵地帯がトトロの舞台に選ばれているという。風景の精緻な描写を持ち味とするジブリ作品には『コクリコ坂から』に、横浜市の「港の見える丘公園」に続く幾つかの坂道を思わせるシーンが登場して話題となった。こうして近年はアニメの描写がよりリアルになったため、それと分かる場所も多い。

〝大人世代〟にとっては好き嫌いが分かれそうなアニメの世界であるが、鉄道がその地域を象徴したり、生活感を演出したり、あるいは独自のシーンを描写するのに好適であったりするため、鉄道とのコラボの例が多いことは知っておいて良い。鉄道を通じてその背景に迫れるのは、〝アニメ鉄〟の興味の矛先である。

鉄道×○○　～次はあなたが○○を作る番

これまで、私なりに○○を作ってみたが、ここからは皆さんが作る番である。趣味を通じて少しずつ自分も進化させていこう。なぜなら、こうしている今も、鉄道は進化しているから。

２０１８（平成30）年11月28日、ＪＲ東海は東京都品川区内で進められているリニア中央新幹線の建設工事現場を公開した。それは巨大な縦坑で、線路を敷設するトンネルを掘削するためのシールドマシンの拠点へと続く「通路」であった。これからシールドマシンが据え付けられ、ゆっくりとした速度でトンネルが掘り進められることになる。リニア中央新幹線の開業まで、まだ先は長い。

北海道新幹線の建設現場を取材したことがある。実際に切羽《きりは》（トンネル掘削の先端部）も見ることができた。その時、シールドマシンは1時間に数十センチの速度で、けれども24時間態勢で動き続けていた。「トンネルが貫通するのは再来年のこと」と伺ったが、そのトンネルは貫通し、北海道新幹線は２０１６（平成28）年3月26日に新函館北斗までの開業を果たしている。

やがて、品川のトンネルの底に据え付けられるであろうシールドマシンも、これと同じような速度で進んでゆくのだろう。

鉄道は、今この瞬間も未来へ少しずつ進化している。その昔、全国に張り巡らされていたローカル線は数を減らしたが、新幹線が全国にネットワークを広げ、やがて磁気浮上式の鉄道が登場する。

こうした進化の時代に生まれた私たちは、何と幸せなことだろう。

まずは列車に乗ることが基本であることはすでに述べた。もちろん、書斎に籠っても、鉄道を楽しむことはできる。私が知っている鉄道ファンの一人は、定年を迎えて再就職の要請を断った。その理由は、残された時間で部屋の中に積み上げられている鉄道の本を、もう一度すべて読み直す時間が欲しいから。明快であると思う。〝大人世代〟にはまだ時間が十分に残されているけれど、それは有限のものだから、これからはこうして〝自分流〟に時間を積み重ねていきたい。

本当のスタートはこの頁からだ。

貴方なら、この鉄道×○○の「○○」に、どんな言葉を作るだろうか？

鉄道に乗って、自分にふさわしい〝○○鉄〟を探しに行こう。

ＪＲが保存・運行する蒸気機関車たち

ＪＲ東日本では磐越西線「ＳＬばんえつ物語」号のC57形１８０号機の他に、Ｄ51形４９８号機、C61形20号機、C58形２３９号機、C11形３２５号機を保有。上越線、釜石線、只見線などでの運転を随時行っている。運転は夏から秋にかけてが中心となるので、『時刻表』等で運転情報を把握しておこう。

ＪＲ西日本では、長くＳＬ「やまぐち」号の牽引役を務めたC57形1号機と、Ｄ51形２００号機の２両を保有。Ｄ51形２００号機は、今やＳＬ「やまぐち」号牽引の主役だ。

ＪＲ九州でも８６２０形５８６５４号機を保有。５８６５４号機というちょっと不思議な車号のつけ方は、８６２０形の増備が続けられたことで、車号が先に誕生していた８７００形に続いてしまうという珍事が起こり、やむを得ずに1万の位を順送りにしていったことから生まれている。同様の措置は９６００形でも行われたが、８６２０形や９６００形の製造が始まった大正時代には、まだ機関車の形式名にアルファベットを併用するようになっていなかったことから、こんな事態となってしまった。ちなみに８６２０形は６７２両が、９６００形は７７０両が製作され、ともに〝大正の名機〟とも呼ばれている。

ＪＲ九州の８６２０形は、鹿児島本線・肥薩線熊本～人吉間で、「ＳＬ人吉」号として、春から秋にかけての週末を中心に運転されている。現在日本で動態保存が行われている蒸気機関車の中では、もっとも早く製造されたのが、この機関車だ。

蒸気機関車がまだ全国を走っていた頃、大量の煙を吐き出して走る機関車は古い時代の遺物とされてき

まるで、動く文化財の「SL人吉」。大正時代の蒸気機関車が現役で動く姿は、ぜひ体験したい。

た。列車に長く乗っていると、窓から侵入したばい煙によって顔まで汚れてしまうのが、この時代の鉄道旅行で、だから蒸気機関車の全廃は、鉄道の近代化には不可欠と目されていたのだったが、いざすべての蒸気機関車が姿を消してしまうと、その魅力が見直されることになった。「蒸気機関車は生き物にもっとも近い機械」という言葉が用いられることが多いが、確かに登り坂では喘ぎ、下り坂は軽快に走り、哀愁を帯びた汽笛を鳴らして走る蒸気機関車には、そんな言葉が良く似合う。

蒸気機関車の現役の時代を記憶に留め、今また復活した蒸気機関車に再会することができた私たちは、とても恵まれた時代を生きている。

第5章

原点へ

～鉄道旅のすすめ～

旅の目的地は〝自分〟

「若い頃は、時間ができたら何かをせずにいられなかった。けれども今は、時間ができたら何もせずにいたい」。これは、デザイナーで、居酒屋評論家としても名を馳せている太田和彦さんの言葉。〝大人世代〟は、この言葉がきっと身に沁みるのではないかと思う。それは、歳を取ったことで体を動かすことが面倒になったということも確かにありはするのだろうけれど、それ以上に、殊更に何かを求めずとも、様々なことに思いを馳せながら、自らの心を解放することができるようになったという意味合いも含まれているように思われる。ここに人が齢を重ねることの妙味がある。

そんな年齢となり、子供の頃の興味に再び打ち込めるようになった今、原点に返ることで、人生の再出発としよう。

では、これから鉄道に乗るとして、目的地はどこ？　という点から話を進めてみたい。

前章では、色々なコラボレーションにより新しい楽しみ方を考え、幾つか旅のアイデアも述べたが、実は〝大人世代〟にとって、もっとも最初にあたる、大事な目的地があると思う。それは〝自分〟。そして、その旅の時間と場所が、〝居場所〟なのではないかと、齢を重ねた今日、そう思うのである。

自分の居場所の探し方には、色々な目的地が考えられるけれど、やはり初めは生い立ちにちなんだ旅がいいのではないだろうか。「昔通った小学校の通学路を歩く」といった追体験でもいいし、第3章で述べた「高校時代に行きたいと思っていた場所」といった昔の想像の地でもいい。引越しを繰り返した人は、住んだ町を順番に巡るのもいいだろう。いずれにしても、時を経て変わってしまった風景に幻滅されることがあるかもしれない。それは「若い頃の恋人に再会して、幻滅するようなもの」なのかもしれないけれど、そう思う自分とて年齢を重ねているのだから「おあいこ」である。若い頃には気が付かなかった良さにこの歳になって初めて気が付けば、残された時間が一層愛おしくなるに違いない。

話が少しそれたが、当終章では、鉄道に乗ることを〝大人世代〟流に高めるためのアイテムとコツをご提案して、本書の括りとしたい。

旅を作る①　インターネットを活用

現代人であれば、このツールは大事である。少し前までは「生まれた時には、東海道新幹線が開通していた」というのが若者たる基準となっていたが、今はもう「生まれた時にはインターネットがあったか？」だろう。

インターネット利用でまず実利的なのが、乗車券類の予約や購入だ。鉄道会社に拘らず、旅行会社、高速バス、温泉施設など、様々な企業が「WEB割」などの名称で、様々な切符を発売している。一部は座席指定を自分で行うことができる利点もある。また、これらの切符にはさらに「早割」などの名称で、早い時期に予約をすると割引率が高くなる特典が併設されているものが多い。もちろん、早い時期の予約には、予定の急変というリスクもついて回りはするが、ひとたび早期予約のパターンを会得してしまうと、通常のルーティンでの切符購入がもったいないと感じられるようになる。様々な切符は、鉄道会社、旅行会社など、複数のサイトから発売されていたり、あるいは専用アプリで購入できたりもする。システムは少し複雑に感じられるだろうが、好みのサイトやアプリを探して使いこなすことも楽しみとしたい。

ちなみにサイト選びのコツ。臨時列車の運転、各種イベントの開催、企画商品の発売、旅をする際のモデルコースの紹介といった情報は、鉄道会社の公式WEBサイトに豊富に情報が提供されている。それぞれの会社自身が発信する情報であるから確実性があり、タイムラグがないことも大きな特徴となっている。

気を付けたいのが、近年になって多く登場している「○○まとめ」というネーミングが多い情報サイトだが、残念ながらこれらのサイトの情報は信頼性が低い。多くのサイトが不確定な情報収集を、しかし完成度の高いものであるかのように訴えるという共通の致命的な欠点を有している。この媒体はいずれ形を変えることも予想されるが、情報の発信元に信頼がおけないと判断した場合は、参考程度に留めておくことをお勧めする。

旅を作る②　ＪＲ各社のネット予約システム

現在のＪＲ各社は、インターネットでのみ購入できる切符を色々とラインナップし、そこに様々な特典を付加している。また、次々に新しい切符を登場させている。そのため、旅を計画する時には、目的地に応じた会社のサイトをチェックするのが賢い方法だ。登録方法など、詳しくは各サイトを見ていただくこととして、ここでは特徴のみをまとめておく。

ＪＲ東日本では、「えきねっと」を中心としたネット予約サービスの利便性が高い。利用できるのは鉄道の切符だけではなく、レンタカー、ホテル、ショッピングなどにも適用範囲が拡大されているから、旅行だけでなく日々の生活でも利用できるものがある。予約は一般的な窓口よりも１週間早く予約受付が始められるので、入手が難しい切符を比較的容易に入手することができる。お盆や年末年始などに、窓口に長い行列を作って苦労の末に指定券を入手した昔の情景は、すでに過去のものだ。

東海道・山陽新幹線の場合は、JR東海、JR西日本の会員制サービス「エクスプレス予約」がある。早特などの割引切符も買えるし、列車の変更が容易に行えるのが便利だ（このため、満席だった列車が直前で指定席が取れたりすることがある）。また、利用区間ごとに「グリーンポイント」が付与され、一定のポイントが貯まると普通車の料金でグリーン車に乗車できる特典がある（対象外の場合もある）。

西日本エリアには「e5489《いいごよやく》」サービスがある。特徴はJR西日本エリアのみならず、JR四国とJR九州エリアの特急、さらに北陸新幹線（上越妙高〜東京間も含む）の列車が対象になっていること。つまり、日本列島の西側ほとんどをカバーしている。そのため、例えば関東在住者でも利便性が高いのが特徴だ。一方で、九州地区はJR九州ネット予約サービス、山陽新幹線は「エクスプレス予約」、北陸新幹線は「えきねっと」とそれぞれ重なっているので、同じ列車でも料金が異なるケースがある。両サイトをチェックしてみることをお勧めしたい。

これらのインターネット予約サービスは、概ね「早い時期の購入による割引」「早朝や深夜、特定列車など、比較的空いている列車の割引」などのパターンがあるので、こうしたお得な切符をまず探し、そこから旅を作っていく方法もある。その一方で、ＪＲ各社間の境界をまたいで旅行する場合は割安とならないケースがあるという欠点がある。

なお、インターネットでの購入サービスが用意されている私鉄もある。近畿日本鉄道では、ネットで特急券が購入でき、早期購入によって特急料金を割引するサービスを展開している。他にも西武鉄道、東武鉄道、京成電鉄、南海電鉄などの各社が、インターネットによる特急券の販売を行っているほか、京王電鉄などでは通勤時の着席サービス列車の指定券をネットや専用アプリで販売している。

ネットでのチケットの販売は、システムの構築やセキュリティの確保にある程度の手間が要されることから、中小私鉄でこのシステムを大々的に展開している会社はないが、それでも各社ごとに工夫が凝らされた商品が提供されていることが多く、この辺りは小回りの利いた経営が可能な、中小私鉄ならではのアドバンテージと言えるだろう。

ちなみに、インターネットの情報は、とにかく量が膨大で、肝心なものがどこに埋もれているのか分らなくなることがある。その意味では宝探しや、あるいは突飛な例えかもしれないが、キノコ採りに似ているようにさえ見える。しかし、キノコ採りには達人がいる。失敗に懲りることなくトライを続けて、あらゆる失敗を〝経験に変えて〟しまおう。デジタル情報を自由自在に操れるようになれば、きっと同年配の仲間が色々と相談をもちかけてくるはずだ。それもまた、楽しいことであるに違いない。

旅を作る③「フルムーン夫婦グリーンパス」&「青春18きっぷ」

販売側がターゲットに想定しているであろう購買層は対照的だが、実はこの2種類の切符をもっとも有効に使えるのは、〃大人世代〃であろう。そのせいか、発売開始からすでに35年以上が経過しているロングセラーとなっている。

これらの乗り放題切符は、一度購入したら全国どこへでも、あとは自由気ままな行動が可能になることが大きなアドバンテージで、まさにリタイア、あるいはセミリタイアした〃大人世代〃の旅にはもってこい。そして何より、インターネット予約の欠点であった〃会社境界またがり〃でも自由に旅ができる。ただし、発売されない期間があること、第三セクター鉄道など、乗車時は別運賃となるケースが多く設定されているから、これを記した細則については目を通しておきたい。

まずは「フルムーン夫婦グリーンパス」。

切符を購入できるのは、二人の年齢の合計が88歳を超える男女で、夫婦のための切符と

フルムーンパスモデルコース例（世界遺産をテーマに）

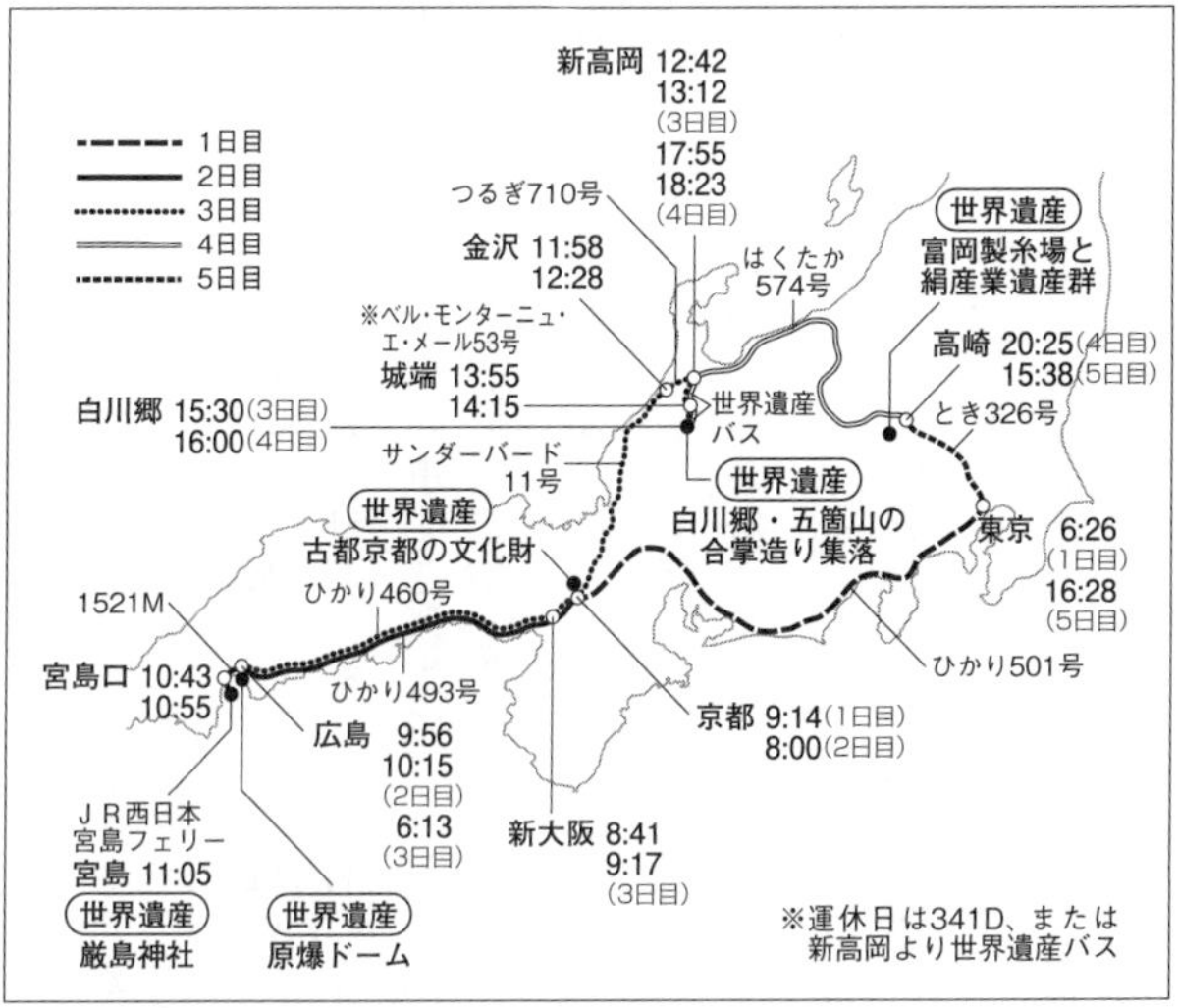

JR各社を横断する行程が組めるのが特徴。

されていることから、親子は対象から外される。二人が同一行程で旅をすることが前提で、「のぞみ」「みずほ」を除くＪＲの特急、快速、普通のグリーン席が、連続する５日間ないし７日間、12日間で乗り放題となり、追加料金を支払うことで、Ｂ個室寝台なども利用できる。二人のうちの一人が70歳を超えていると、さらに料金の割引を受けられるなどの特典も用意されている。この切符の登場時の、高峰三枝子と上原謙が熟年夫婦を演じたポスターを覚えている人もいることだろう。

この切符での旅作りのコツは、有効期限が連続しているため、長い移動を含めた行程を作ると特性が活かせる事だ。例えば初日は九州で、2日目は移動日、3日目は北陸、というようなJR各社の境界をまたがってワイドな行程にすると、この切符ならではの旅になる。

一方の「青春18きっぷ」は全国のJR線の普通列車（快速列車も含む）乗り放題の切符だ。有効期限は任意の5日間（または5名、5回など）で、朝の初発列車から、夜は午前0時を過ぎて最初に停車する駅まで（大都市圏は終電まで）が一日の有効期間。

この切符は、気力体力があれば一枚あたり約2300円でどこまでも行けるというのが特徴。ただし、利用する時に注意するべきは、その旅行の意義、目的を明確にすることだろう。単に安く遠くに行けるというだけでは、この切符本来の趣旨にそぐわない。その一方で、最近は普通列車の接続が良い列車ダイヤが組まれていて、列車の走行速度も上がっているため、昔の優等列車に匹敵するような所要時間で都市間を移動できるケースもある。要は使いようで、自分なりの旅ができる。これも、この切符の根強い人気の秘密だ。

〝大人世代〟お勧めのスタイルは、現地までのアクセスには航空機なり、新幹線なりを利用して速達化を図り、その後に現地で普通列車の旅をのんびりと楽しむというやり方だ。また、有効期限は任意に選べるので、移動日と滞在日をはっきり分けて旅するとより

新幹線や飛行機を組み合わせた青春18きっぷモデルコース例

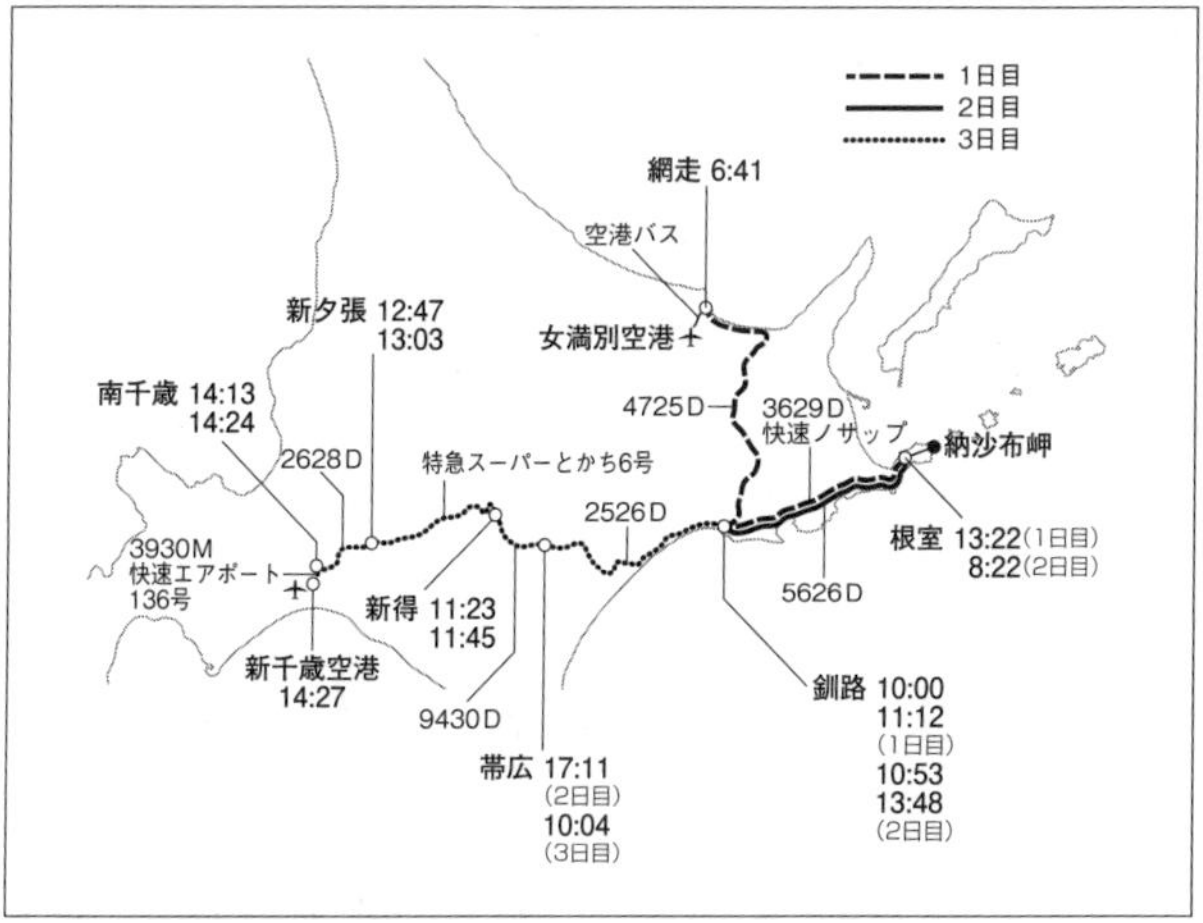

道東を普通列車でゆっくり楽しむが、特急乗車の特例を活用できるのもポイントだ。

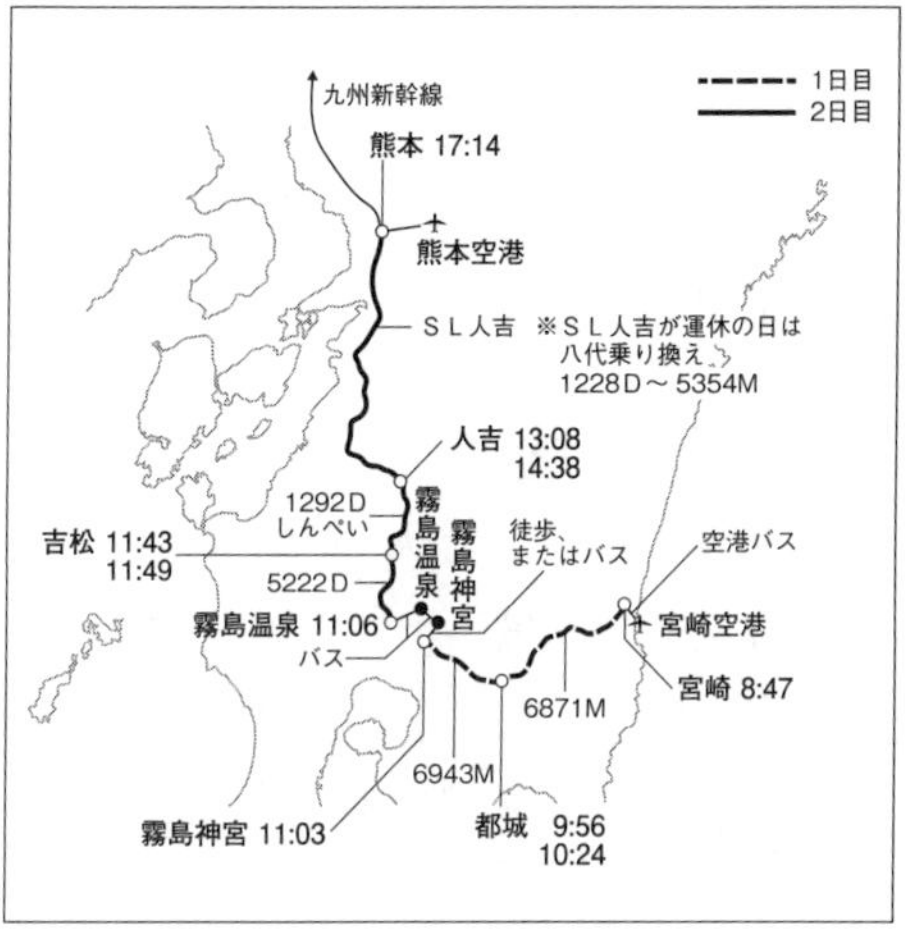

「SL人吉」など「青春18きっぷ」でも指定券を買えば乗車可。これはお得感がある。

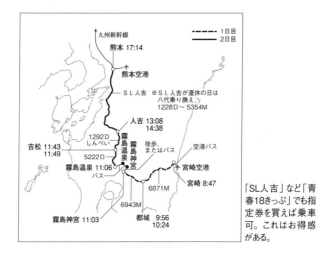

効果的だろう。それでも十分に元を取ることができるはずだ。

旅を作る④ 〝大人世代〟向け会員サービス

町のあらゆるところで「シニア向けサービス」と称するサービスを見かけるようになったが、同じように、鉄道に乗る時に役に立つ会員サービスがJR各社からも提供されている。何しろ、年齢限定なのだから、鉄道の旅に活用しない策はない。どれも大幅な割引切符が発売されたり、ポイント制度や会員誌発行など、それぞれに特色がある。ここでは、主に2社のサービスをご紹介する。

JR東日本が運営している「大人の休日倶楽部」。男性は満50歳以上64歳以下、女性は満50歳以上59歳以下で入会できるのが「ミドル」。男性は満65歳以上、女性は満60歳以上で入会できるのが「ジパング」で、「ジパング」の会員は同時に「ジパング倶楽部（後出）」の会員となる。大人の休日倶楽部に入会すると発行されるクレジットカードを利用してクレジット決済をしたり、カードに付帯されているSuica機能を利用したり、加盟店でカードを提示した上でショッピングをするとポイントが貯まり（現金の支払いも可）、このポイントは普段の買い物に利用したり、商品に交換することが可能だ。普段の生活の中で必要とされる支払いでポイントが貯まるのだから、アドバンテージは大きい。

そして、何よりもこのサービスを魅力的にしているのが、「大人の休日倶楽部パス」で、この切符を利用すると、新幹線および特急列車を含む列車の普通車自由席が連続する数日間、何度でも利用可能となる。このパスには発売時期によって利用可能地域が変更されるなど、細かなバージョン違いの切符が設定されており、これも利用者にとっては、パスの魅力を高めているようだ。

一方、ＪＲ西日本が50歳以上を対象としてリリースしているのが「おとなび」だ。会員には、新幹線や特急の料金を30％引きにするサービスや、期間限定での「乗り放題きっぷ」が発売される。なかでも山陽新幹線の割引切符は充実しており、「こだま」限定で60％割引という破格の切符も販売されている。山陽新幹線中心の旅だけでも、大いに入会の価値があるだろう。この他にも会員向けの様々なサービスがあり、ＪＲ東日本「大人の休日倶楽部」とのタイアップによって、北陸へのツアーも実現するなど、これから多彩な展開が期待されている。ちなみに、この会員サービスのキャンペーンに登場しているのが元・キャンディーズの女優・伊藤蘭さん。「蘭ちゃんもそんな年齢になったのね」と感じる人は、まさにおとなびの会員対象なわけだ。

この他にもＪＲ各社は、会社ごとに、様々なシニア向けのサービスを展開している。利用者の居住地域によって申し込み先が異なったり、入会資格にも様々な違いがあるので、まずは各社の公式サイトをチェックしたい。

これらのサービスで買える切符も、どれも今やすっかり定番となっている。切符が発売される時期は、利用価値の高い列車から早々に満席となっているので、油断のないようにしたいところだ。

旅を作る⑤　「ジパング倶楽部」

これまで紹介してきたインターネットサービスや乗り放題切符、会員サービスは、それぞれに一長一短があって、ある程度その条件に合うスタイルが求められるものであった。反面、「ジパング倶楽部」は、その制限をほとんど持たないオールマイティの〝大人世代〟限定会員サービスだ。ＪＲ６社が共同で提供しているもので、男性なら満65歳以上、女性なら満60歳以上が対象で、一定の年会費（個人なら３７７０円、夫婦なら６２９０円。２０１８年12月現在。税込み）で会員になることができる。

これは何といっても、切符の割引制度が充実していて、全国のＪＲ線２０１キロ以上の利用で、年間20回まで最大30％割引となる。しかもＪＲ会社間にまたがる切符も割引となり、その経路に制限は無い（「のぞみ」など、一部割引とならない列車や設備がある）ので、まさに自分が作った旅プランそのものの割引切符が買える。他にもＪＲグループのホテルの宿泊料金が割引となったり、定期的な会報が発行され、会員だけの特別な旅プランや会員同士の交流なども行われるなど、様々な特典が付加されている。

切符の割引特典は全国が対象なので、色々活用して、それこそ自分流の旅を楽しむ〝大人世代〟の会員が多いのが特徴。また、仕事を持つ人なら出張で活用したり、息子・娘や孫に会いに行く往復に利用したりと用途は幅広い。自分で旅程を作れるために、運賃や時刻表に長けるようになるという思わぬ利点もある。年間20回利用可能と言えば約３週間に１回という計算になるから、相当なアクティブ派でも納得だろう。

ちなみに、この切符は時刻表に掲載されている運賃規則に則った乗車券類を購入できるので、途中下車を想定するなど、行程に余裕をもっての利用が得策だ。思わぬ予定変更があったとしても、行程を一日延ばして、寄り道自体を味わうような余裕があると楽しみは増す。旅の楽しみの一つは思い出作り。そして、思わぬ出来事があった時ほど、後から思い返して楽しいものとなる……。そんな余裕と一緒に、旅をしたい。

津軽鉄道ストーブ列車

私鉄の個性派列車たち

40年〜50年前と比較して、一番大きく様変わりしたのが、中小私鉄の世界であるのかもしれない。有り体に言って、どんな小さな鉄道会社であれ、きっと1両か1編成は、その会社のフラッグシップ的な存在があって、スポットライトが当てられている。鉄道会社がそのような活動を行うことも、また時代のニーズなのだろう。主なものを挙げてみる。

本州の北の端を走る津軽鉄道では、〝冬の風物詩〟とも呼ばれるストーブ列車が健在だ。毎年12月1日から翌3月31日まで運転されるこの列車は知名度も高まり、全国からファンが訪れている。車内にダルマストーブを載せた列車は昭和中期までは各地に見られたが、今や日本ではここだけ。車内ではアタリメなどの販売もあり、ストーブで焼かれたアタリメの匂いが車内に満ちる。運転日、運転本数は、事前に確認してから出かけよう。

大井川鐵道井川線

まるで、子供の頃に乗った遊園地のマメ汽車のような、開放感溢れる構造を採用したトロッコ列車を運転している路線も多い。その元祖とも言えるのが、大井川鐵道井川線で、この路線には全国で唯一のアプト式鉄道（機関車に歯車を取り付け、2本の線路の間に敷設した歯軌条とかみ合わせて、急こう配を上り下りする）や、湖上に作られた駅もあって、観光資源となっている。

この井川線と同様に、元々は電力開発を目的として建設されたのが、富山県を走る黒部峡谷鉄道だ。線路は黒部川の深いV字谷の底を走る。当初は電力関係者のみが利用できる鉄道であったが、今は観光路線となった。冬の間は深い雪が積もる場所であることから全面運休となり、一部の鉄橋は雪崩の被害を防ぐために撤去されている。この他にも、千葉県の小湊鐵道、栃木県と群馬県を結ぶわたらせ渓谷鐵道、熊本県の南阿蘇鉄道などでトロッコ列車が運転され、観光客の人気を得ている。

黒部峡谷鉄道

わたらせ渓谷鐵道

山梨県を走る富士急行では、車内でスイーツを楽しめる専用車両がある「富士山ビュー特急」や、富士山を愛でる仕掛けがいっぱいの「富士登山電車」を運転。昭和中期から他社に先駆けて観光輸送を重視してきた路線だけに、車両、駅施設など随所に、観光客を喜ばせる趣向が盛り込まれている。

なお、この車両、どこかで見たことないだろうか？　実は元々ＪＲ東海の３７１系特急「あさぎり」として活躍していた車両。こういう車両もすでに第二の人生となっているわけだ。〝大人世代〟の半生と重ねつつ、懐かしいと思うことだろう。

富士急行「富士山ビュー特急」

あとがき

　鉄道趣味の指南書を一冊書いてみて、何よりも痛感したことは、この趣味の奥の深さ、裾野の広さだった。私自身、様々なジャンルの遊びに首を突っ込んできたことは間違いないのだが、それでも実際に指折りこの趣味の遊び方を考えてみると、到底その奥義などは極めていないことを思い知らされる。道半ばと言うよりも、ようやく入口を見つけたところと言うべきかもしれない。

　それでも、執筆を志すに至ったのは、まず私自身が、これまでの趣味活動を振り返り、総括をしてみたいと考えたことであった。今は情報網が発達し、様々な情報が瞬時のうちに多方面に浸透してゆく。しかしそれは例えば、鉄道模型を走らせる舞台装置である「レイアウト」という言葉が、いつの間にか「ジオラマ」という言葉に置き換えられてしまったように、その言葉が本来する意味が失われ、言葉が生まれた経緯を顧みないままに新たな一人歩きを始めてしてしまう危険性も備えている。もちろん、言葉は生き物であるから、時を経て使用法が変化してゆくのは当然のことであるが、言葉本来の意味が失われてしまうとなると、あまり大げさな言い方はしたくないけれども、それはやはり文化の喪失ということになるだろう。そのような悲劇が起こることを黙って見ているというのも、あってはならない話である。

そのような次第で、本書では、まず様々な遊び方、楽しみ方がある鉄道趣味について、代表的なものを採り上げて、その味わい方を振り返ってみた。執筆のための調査を始めてみると、どのジャンルにも、私たちがこの趣味に出会った頃からの大いなる進歩が感じられ心強い限りであった。その一方で、書籍、あるいはインターネットによるものであるにしても、近年に登場している入門者向けの指南書、ガイドの類に、この世界の奥深さを語っているものがあまりにも少ないことも痛感させられたのである。鉄道写真にしても、鉄道模型にしても、あるいはこの趣味のスタートである鉄道に乗ってどこかに旅することであるにしても、読者諸氏は熟知しているはずだ。しかし、多くの入門ガイドは、その入口だけをさらりと紹介し、しかし見出しには「〇〇のすべて」という言葉が掲げられる。

その原因ははっきりしていて、主に制作側の勉強不足によるものだが、それはとりもなおさず、この趣味を、少し過激な言葉を使わさせて頂くなら、冒涜した行為であり、結局はその趣味全般を滅ぼしてしまうことになる。趣味には先には先がある、上には上がある、その道は長いということを伝えていないのだから。

この趣味は奥が深いと書いた。本書では言及しきれなかった、先の先、上の上、奥の奥は、どうか読者諸氏が自身で確かめて欲しい。趣味の話である。難しく考えることなく、探求を続けることに疲れたらひと休みして、また気が向いた時に再開すれば良い。それでも一歩は一歩である。小さな一歩の積み重ねこそが、私たちの財産であることも、今はシニア層と呼ばれるようになった方々であれば、誰もが熟知しているはずだ。

鉄道は楽しい。乗ることも、写真を撮ることも、模型を作ることも、切符をコレクションすることも、何もかもが楽しい。最近は、マニアの暴走ばかりが報道される嫌なご時世ではあるが、そのようなことに捉われることなく、素晴らしいこの人生の伴侶と付き合っていこう。鉄道の趣味は間違いなく、私たちの毎日に新たな楽しみ、彩りを加えてくれるものなのだから。

最後になったが、本書の執筆に際しては、交通新聞社第一出版事業部の太田浩道さんに、大変にお世話になった。記事に対するディレクションはもちろん、様々な提案の最後には「著者も俳句を一句ひねるように」という課題まで頂き、氏の八面六臂の活躍無しでは本書が日の目を見ることがなかったのは間違いない。ここで改めてお礼を申し上げる。

さて執筆が終わって、私自身はどの趣味から再開することにしようか。コンパクトになったカメラを1台持って、気の向くままに駅に出かけてみるのも良いかもしれない。どんな写真でも良い。1枚写真を撮っておけば、それが研究や、模型製作への手がかりになる。それから、今度は最初から、一句ひねり出す心の準備もしておくことにしよう。

２０１８年12月　池口英司

19：伊豆急行

40：木次線

24：大井川鐵道

50：肥薩線

	線名	区間	行き方	特徴
6	東北本線	豊原～白坂	豊原駅から北へ徒歩30分	栃木と福島の県境を流れる黒川に架かる雄大なデッキトラス橋を、川のほとりから狙える。東北本線に夜行列車が走っていた時代の名撮影地。もちろん、鉄橋の周囲の風景には、長大な列車が似合う。豊原駅から国道を北に3キロの地点。
7	東北本線	大河原～船岡	船岡駅から西へ徒歩15分	白石川堤防の桜並木をバックにした東北本線の名撮影地。撮影に向く季節は春で、例年4月中旬が満開。船岡駅から県道を西に進み徒歩15分。船岡城址公園の『樅ノ木は残った』の展望デッキから俯瞰気味に列車を狙える。ほぼ終日順光。
8	しなの鉄道	古間～黒姫	黒姫駅から南東へ徒歩30分	かつては国鉄信越本線を走る特急の撮影ポイントとして知られた地点で、線路の後方に聳える黒姫山がポイント。線路を跨ぐ国道の旧橋梁から俯瞰での撮影ができ、標準～中望遠のレンズで雄大な風景の撮影ができる。
9	しなの鉄道	信濃追分～御代田	信濃追分駅から南西へ徒歩30分	しなの鉄道線（旧国鉄信越本線）の有名撮影地。浅間山の山麓に広がるゆったりとした風景を撮影できる。軽井沢、小諸など、沿線の数多くの観光スポットとともに訪れてみるのも楽しい。
10	中央本線	鳥沢～猿橋	鳥沢駅から南西へ徒歩15分	通称“猿橋の鉄橋”。新桂川橋梁を渡る列車の姿を、様々な角度から撮影できる。ダイナミックなスタイリングのデッキトラス橋は見ているだけでも爽快。列車の運転本数が多いことから、橋梁上で列車がすれ違うシーンも。

SNS映えする有名撮影地50選

かねてより有名で、かつ背景や鉄道のストラクチャーに特徴がある撮影地を、全国から50ヵ所をセレクト。画角にメリハリのある写真が撮りやすいので、スマートフォンなどでもSNS映えする写真にできそうな場所ばかりだ。マイペースで撮影を楽しみたい。なお、現地は一般道など、公共の場なので、地元の人や、集まる同好の士への配慮は必ず行おう。

5：津軽鉄道

16：東海道本線

18：御殿場線

	線名	区間	行き方	特徴
1	宗谷本線	抜海～南稚内	抜海駅または南稚内駅から徒歩70分	宗谷本線の北端近くにある撮影ポイント。海岸段丘に沿って走る列車を俯瞰で狙うことができる。抜海と南稚内のほぼ中間にあり、どちらの駅から歩いても徒歩70～80分。この区間には利尻岳をバックに撮影できるポイントもあったが、現在は立入禁止。
2	根室本線	別当賀～落石	落石駅から南西へ60分	列車の姿とともに、雄大な海岸段丘と海、そして空を大きく採り入れることができる北海道屈指の撮影地。運転本数が少ないが、訪れるだけの価値がある、雄大な風景が広がる。鉄道カメラマンの"聖地"とでも呼びたい場所だ。
3	函館本線	仁山～大沼	大沼駅から南へ徒歩15分	道南を代表する撮影地の一つで、小沼の湖畔を走る函館本線の上り列車が撮影可。午前中順光。貨物列車が多く走るのも魅力だ。夏以外は天候が厳しい場所なので、現地探訪の際には装備に留意しよう。
4	五能線	深浦～広戸	深浦駅から北へ徒歩30分	五能線に蒸気機関車が健在だった時代から、屈指の撮影ポイント。線路の後方に海が広がり、海岸線には日本海沿岸ならではの奇岩が連なる。今は廃業したガソリンスタンドの近くが定番。午後順光。ただし、冬季は季節風が強い。
5	津軽鉄道	芦野公園	芦野公園駅下車すぐ	津軽鉄道芦野公園駅のホームの脇に桜並木があり、5月の大型連休の前後には、桜のトンネルの中を列車が行き来する風景を撮影できる。駅の脇にある踏切付近が撮影ポイント。芦野公園駅の旧駅舎は、室内が喫茶店に改造されており、列車の待ち時間にお茶や軽食を楽しむこともできる。

	線名	区間	行き方	特徴
21	小海線	小淵沢～甲斐小泉	小淵沢駅から北西へ徒歩30分	小海線の大築堤で、蒸気機関車が現役だった時代から、甲斐駒ケ岳をバックにした写真が撮れる名撮影地として知られてきた。レンズは標準から望遠まで自由に選択でき、バックの山には捉われず、車両と築堤のシルエットだけを狙う撮影法も楽しめる。
22	大糸線	安曇沓掛～信濃常盤	安曇沓掛駅から北へ徒歩5分	春季、頂に残雪が輝く北アルプスを背景とした写真が撮れるポイント。場所は安曇沓掛駅から北に向かい、道路が線路をオーバークロスした先で、線路の西側に出る。上り列車の正面には終日陽が当たるが、イベント列車の運転時などには混雑する。
23	大井川鐵道	抜里～川根温泉笹間渡	川根温泉笹間渡駅から南へ徒歩5分	大井川鐵道大井川本線で気軽に走行シーンを撮影できるポイント。川根温泉笹間渡駅前の道を南へ。川沿いにある温泉施設の裏手から、大井川に架かる鉄橋を渡る列車の姿を撮れる。
24	大井川鐵道	ひらんだ～奥大井湖上	奥大井湖上駅から北東へ徒歩15分	接岨湖に架けられた奥大井レインボーブリッジを渡る井川線の列車を撮影できる。近年は湖岸の木が成長したため、アングルには注意したい。日中は半逆光になる時間帯が多く、山間にあることから夕方は比較的早い時間に日が陰る。
25	飯田線	田切～伊那福岡	田切駅から北へ徒歩5分	飯田線の名撮影地で、田切駅の北側には、Ω状の大きなカーブがあり、バックに中央アルプスが見える好撮影地となっている。旧型国電が運転されていた時代には多くのファンが押し寄せた場所だ。
26	飯田線	城西～向市場	城西駅から北へ徒歩10分	“渡らずの鉄橋”の名で知られる飯田線第六水窪川橋梁を俯瞰で狙えるポイント。鉄橋は何連ものガーダーを連ねて川を跨ぐが、蛇行を繰り返した後、また川の同じ側の岸に線路が戻ることから「渡らず」という愛称が付けられた。
27	高山本線	飛騨金山～焼石	焼石駅から南へ徒歩40分	“中山七里”と呼ばれる景勝地の撮影ポイント。下原ダムの上流に広がるダム湖の湖岸を走る列車を、対岸から狙える。風の無い日には見事な「水鏡」を見ることができるだろう。国道脇の駐車用スペースからの撮影となる。
28	北陸本線	新疋田～敦賀	新疋田駅から北へ徒歩50分	北陸本線の鳩原（はつはら）ループにあたり、定番となっているのがループの上に広がる丘からの俯瞰だ。この駅間には他にも、新疋田から北へ500メートルほどの疋壇城跡付近にあるカーブも人気のポイントとなっている。
29	東海道本線	柏原～近江長岡	柏原駅から北東へ徒歩10分	東海道本線の名撮影地として知られる場所で、線路のバックに伊吹山が連なる。柏原駅で下車し、米原方向に10分ほど歩いた一帯が撮影ポイントで、列車の側面を順光で撮影することができる。
30	関西本線	笠置～加茂	笠置駅から南へ徒歩20分	笠置駅近くの小高い丘の上から駅を俯瞰するポイント。線路の両脇に桜が植えられていることから、春には列車が桜のトンネルを走る姿を望遠レンズで捉えることができる。桜が満開となる週末には、多くのカメラマンが繰り出す場所だ。

	線名	区間	行き方	特徴
11	磐越西線	喜多方～山都	山都駅から東へ徒歩15分	山都駅の喜多方寄りに架かる一ノ戸川橋梁上を走る列車を、見上げる角度で撮影できる。自然を採り入れたアングルを多く狙える磐越西線の中ではむしろ珍しい、雄大なイメージのカットを狙える場所だ。南側から狙えばほぼ終日順光。
12	磐越西線	徳沢～豊実	徳沢駅から西へ徒歩30分	磐越西線の福島県と新潟県の県境付近は様々な場所から阿賀野川沿いの風景を狙うことができるが、川に架かる短い鉄橋をサイドから狙える。使用するレンズ次第で、風景を入れて広く撮るも良し、車両をアップで撮るも良し。
13	只見線	会津宮下～早戸	会津宮下駅から西へ徒歩60分	随所で線路と渓谷の絡みを撮れるのが只見線だ。このポイントでは只見川第三橋梁を俯瞰気味に狙える。季節によっては川霧が立ち込める幻想的な風景が見られることもある。ただし、列車の運転本数が少ないので要注意。
14	上越線	渋川～敷島	渋川駅から北東へ徒歩15分	通称“渋川の鉄橋”。利根川に架かるデッキトラス橋を渡る上越線の列車を、並行する道路の歩道の上から狙える。東西方向に架かる橋であることから、ほぼ終日順光。冬場であれば、屋根に雪を載せて峠を越えてきた列車の姿を撮ることもできる。
15	長野電鉄	信濃竹原～夜間瀬	信濃竹原駅から東へ徒歩5分	夜間瀬（よませ）川に架かる鉄橋を様々な角度から狙えるポイント。サイドから狙うと背後に高社山を入れることがきる。一日中ほぼ順光で、元・小田急ロマンスカーや、元・JR253系の姿も撮ることができる。
16	東海道本線	早川～根府川	早川駅から南へ徒歩30分	東海道本線早川駅下車。海岸沿いを延びる道路に出て南へ徒歩30分の撮影ポイント。線路の北側に広がる斜面から、色々な角度での撮影ができる場所だ。線路の向こうには雄大な相模湾が広がる。午後が順光。
17	小田急電鉄	渋沢～新松田	渋沢駅から西へ徒歩30分	小田急電鉄の中で、もっとも自然を採り入れられるスポット。渋沢駅から西へ徒歩30分。線路の南側に畑が広がる一帯から、下り列車を狙える。バックには丹沢山地が連なる。
18	御殿場線	足柄～御殿場	御殿場駅から北東へ徒歩20分	富士山を背景にした御殿場線の撮影ポイント。その中でも富士山を大きく撮れ、アングルの自由度も高い。駅から20分ほど東に歩き、「パレットごてんば」前にある踏切付近が撮影ポイントとなる。レンズは中望遠程度が好適だ。
19	伊豆急行	川奈～富戸	川奈駅から東海バスで「吉田みかん園」下車	伊豆急行屈指の撮影地。赤入洞橋梁上を走る列車をサイドから狙え、バックに海が入る。午後に順光となる。中望遠～望遠レンズを使用して撮影したい。
20	東海道新幹線	三島～新富士	岳南鉄道須津駅から南へ徒歩30分	東海道新幹線を真横から撮影でき、バックに富士山が入る有名スポット。新幹線を真横から狙える場所は少なく貴重なポイントとなっている。撮影地は岳南鉄道の須津駅から南に30分ほど歩いた一帯で上島珈琲の工場が目印。

	線名	区間	行き方	特徴
41	呉線	安芸幸崎〜忠海	安芸幸崎駅から西へ徒歩20分	呉線は車窓にも随所で瀬戸内海が見える。この場所は海岸線を走る列車の姿を、線路をオーバークロスする国道から撮影できる。200ミリ程度の望遠レンズがあると心強いが、自由な発想で列車の姿と澄んだ海の色を再現してみたい。
42	山口線	仁保〜篠目	篠目駅から南へ徒歩15分	SL「やまぐち」号が運転されている山口線で、もっとも多くのカメラマンを惹き付けているスポット。沿線屈指の峠越えの区間であり、蒸気機関車が勇壮な煙を吐き出す。
43	予讃線	海岸寺〜詫間	海岸寺駅から西へ徒歩15分	予讃線が海岸線沿いを走る数少ない区間の一つ。線路を跨ぐ道路の上から、海岸線沿いを走る上り列車を撮影できる。午前中が順光だが、夕暮れ時の海面を採り入れたフォトジェニックな写真を撮ることも可能。
44	土讃線	小歩危〜大歩危	小歩危駅から南へ徒歩30分	四国の中央山地を縦断する土讃線の核心部。吉野川に架かる第二吉野川橋梁をサイドから狙うのが定番で、標高こそ高くはないものの、この一帯が深い山の中にあることを表現できる。
45	土讃線	土佐新荘〜安和	安和駅から北東へ徒歩20分	海岸線沿いに架かるアーチ状の橋脚を擁する橋梁を、海を入れて撮影できるポイント。安和駅から1キロほど東にあり、蜜柑の木が生える山の斜面から中望遠レンズを使っての撮影が定番。午前中順光。
46	久大本線	由布院〜南由布	由布院駅から南西へ徒歩20分	名峰・由布岳をバックに、久大本線を走る列車を撮影できるスポット。由布院駅から線路に沿って南に進み、カーブを抜けた先で線路を跨ぐ陸橋の上から下り列車を狙うのが定番。
47	豊肥本線	立野〜赤水	立野駅から北へ徒歩20分	立野駅のスイッチバックが設けられているのは緩やかな斜面で、駅の西寄りで撮影ポイントを見つけることができる。列車がゆっくりと進むことから、ビデオカメラでの撮影でも楽しむことができる。 ※2018年12月現在不通
48	日南線	大堂津〜南郷	大堂津駅から南へ徒歩10分	蒸気機関車の時代から日南線を代表する撮影地として知られたスポット。大堂津駅の南側に架かる細田川橋梁が撮影ポイントで、ここでは海側から、山側から、あるいは山の上からの俯瞰という具合に、様々な角度での撮影ができる。
49	肥薩線	瀬戸石〜海路	海路駅から北東へ徒歩30分	八代と隼人を結ぶ肥薩線の八代〜人吉間は随所で球磨川沿いを走る。この撮影ポイントは瀬戸石駅と海路駅のほぼ中間点。球磨川沿いを走る列車を川の対岸から狙える。他にも同様の構図を狙えるポイントが無数にある。
50	肥薩線	大畑〜矢岳	大畑駅から南西へ徒歩30分	大畑（おこば）駅は全国でも唯一、ループ線とスイッチバックの両方が備わっている。この撮影地では大畑駅に発着する列車がスイッチバックで進行方向を変えながら走ってゆくのを狙える。駅から西へ道なりに歩き、農場の裏手に撮影ポイントがある。

※現地は一般道など、公共の場であるため、地元の方や同好の士などへの配慮を忘れずに。

	線名	区間	行き方	特徴
31	京都丹後鉄道	丹後神崎～丹後由良	丹後由良駅から南東へ徒歩5分	通称"由良川の鉄橋"。河口らしく広い川幅の由良川に架かる長いガーダー橋を川の左岸から、様々な角度で狙える場所だ。急峻な川が多い日本において、この場所のゆったりとした風景には、日本離れしたような雰囲気さえある。
32	叡山電鉄	市原～二ノ瀬	市原駅から南へ徒歩5分	叡山電鉄の撮影地は路線の北半分に多く、いずれも木が鬱蒼と茂る中を電車が走る姿を撮ることができる。この場所では市原駅から北に徒歩5分の場所に架かる短い鉄橋を狙える。ガーダー橋であることから、車両の側面が隠れることがないのが嬉しい。
33	嵯峨野観光鉄道	トロッコ保津峡～トロッコ亀岡	山陰本線保津峡駅	山陰本線の旧線を活用した嵯峨野観光鉄道。保津川沿いを延びる線路の上を、山陰本線保津峡駅の上りホームの上から撮影できる。タイミングが良ければ、川下りの舟と列車を1枚に収めることができる。ホーム上のため、駅の利用客に配慮しよう。
34	近畿日本鉄道	室生口大野～三本松	三本松駅から南西へ徒歩20分	近畿日本鉄道の名撮影地で、棚田が広がる中、築堤で延びる線路を山の斜面から俯瞰気味に撮影することができる。三本松駅で電車を降り、線路の西側を南西方向に進むと、撮影地だ。午後が順光。
35	山陽新幹線	相生～岡山	赤穂線香登駅から西へ徒歩10分	山陽新幹線の有名撮影地で、吉井川に架かる橋が撮影ポイント。このコンクリート橋は、車体のほとんどが隠れてしまうようなことはなく、それ故に名撮影地の一つに数えられている。標準レンズから中望遠レンズの使用がお勧めだ。
36	山陽本線	神代～大畠	大畠駅から東へ徒歩5分	瀬戸内海に沿って延びる山陽本線の線路を、俯瞰気味に、あるいはサイドから狙えるポイント。大島大橋の上から撮影すれば空撮であるかのようなアングルに、あるいは海岸線に延びる防潮堤近くから狙えば列車のサイドが狙える。
37	本四備讃線	児島～宇多津	児島駅から南へ徒歩30～60分	鷲羽山が聳える一画で、山の斜面からの俯瞰、あるいは海岸線からの望遠レンズでの使用など、瀬戸大橋をテーマに豊富なアングルを見つけることができる。太陽は真下には落ちず、北半球では右に回り込みながら落ちてゆくことを計算に入れておこう。
38	山陰本線	折居～三保三隅	折居駅から南西へ徒歩30分	列車のバックに日本海が広がる山陰本線を代表する撮影スポット。上り列車を午前中順光で撮影できる。撮影スポットは国道9号線沿いの道の駅の裏手なので、食料の補給などにも好都合。
39	山陰本線	須佐～宇田郷	宇田郷駅から北へ徒歩30分	上欄とともに山陰本線の代表的撮影地。山陰海岸の波打ち際に建つ惣郷川橋梁を、海側、山側の両方から狙える。この橋は重厚な雰囲気のあるコンクリート橋がアクセントで、一般的な鉄橋とはひと味違うシルエットがいい。
40	木次線	出雲坂根～三井野原	出雲坂根駅から南へ徒歩30分	出雲坂根駅のスイッチバックを往復する列車を俯瞰撮影できる。出雲坂根駅の裏手にあたり、今はほとんど使われることのない旧道から列車を狙うことになるが、道は荒廃が進みつつあるから要注意。

池口英司（いけぐちえいじ）
1956年東京生まれ。鉄道ライター、カメラマン。日本大学藝術学部写真学科卒業後、出版社勤務を経て独立。著書に交通新聞社新書『鉄道時計ものがたり－いつの時代も鉄道員の“相棒”』などがあるほか、鉄道雑誌などに寄稿多数。

交通新聞社新書130
大人の鉄道趣味入門
人生の後半を楽しむための兵法書
（定価はカバーに表示してあります）

2019年2月15日　第1刷発行

著　者――池口英司
発行人――横山裕司
発行所――株式会社　交通新聞社
https://www.kotsu.co.jp/
〒101-0062　東京都千代田区神田駿河台2-3-11
NBF御茶ノ水ビル
電話　東京（03）6831-6560（編集部）
東京（03）6831-6622（販売部）

印刷・製本―大日本印刷株式会社

ISBN978-4-330-94519-4